철학에서 배우는

경영철학

Management Philosophy

김용철 · 김진영 · 우태우 공저

經營哲學

경영에도 철학이 있을까?

"비우면 보인다."

욕심이 가득 차면 눈앞의 이익만 보이고 미래를 볼 수 없다.

경영에 실패하는 경우가 경영자의 욕심 때문이다. 경영자는 마음을 비우고 앞을 보아야 하지만 눈앞의 이익에 눈앞의 욕심 때문에 경영에 실패하는 경우도 있다.

경영자라면 멀리 볼 수 있는 마음의 자세가 있어야 한다.

도서출판 서훈

저자소개

김용철

- 한국방송통신대학교 보건환경학과 졸업
- 건국대학교 무역학과 졸업(학사)
- Merthyr Tydfil College(중퇴)
- 인하대학교 경영대학원 경영학과 졸업(경영학 석사)
- 세명대학교 일반 대학원 경영학과 졸업(경영학 박사)
- 현) 킴스기술경영 대표
- 전) 한라중공업/한라 유로(영국법인) 근무

김진영

- 고려대학교 교육대학원 졸업(교육학 석사)
- 세명대학교 일반 대학원 졸업(경영학박사)
- 사립학교 설립재단 반석학원 이사장
- 21세기 정책연구소 이사
- 전) (주)사회봉사신문 대표이사 사장
- 전) 국제라이온스협회 354-E(강원)지구 총재

우태우

- 세명대학교 일반 대학원 졸업(경영학박사)
- 충북대학교 대학원 경영학과 박사과정 수료
- 전) ㈜선우시스템 근무
- 현) 세명대학교 기업경영학과 강사

언덕은 내려 보되 사람은 내려 보지 말라

머리말

4차 산업혁명이 일어나고 디지털화 시대가 펼쳐지는 현시대는 사회현상과 산업구조 그리고 경영 변화가 빠르게 일어나고 있다. 이러한 시대의 변화에 경영철학은 미래가 아닌 과거로 다시 돌아가는 것이 아닌가 하는 독자가 있을 것 같다.

경영학 분야를 큰 테두리 안에서 보면 인사관리, 생산관리, 재무관리, 회계 관리 분야로 분류하고 있다. 4개의 큰 틀 안에 경영철학은 어디에도 없다. 그동안 경영학 분야에서 경영철학을 논하는 학문을 추구하는 학자가 없었다는 것을 볼 수 있다.

철학이 없는 기업은 지속가능한 경영을 할 수 있을까?

저자들은 이러한 의구심을 가지고 경영철학의 새로운 분야를 찾아보고자 이 책을 만들어 보았다.

경영윤리는 학문적으로 기반이 만들어져 있으나 철학은 학문적 또는 기업 경영 현장에서 다소 부족한 점이 있지 않나 의구심을 가지고 접근하여 보았다.

왜 기업이 장수하지 못할까?

또한, 장수하는 기업은 왜 지속적으로 역사를 만들어가고 있을까?

이러한 의구심의 저변에는 철학이 있기 때문이라고 저자는 보고 있다. 철학이 있는 기업과 철학이 없는 기업의 차이는 장수기업이냐 아니면 단기간에 이윤을 얻고 사라지는 기업인가를 구분하고 장수기업으로 가는 경영자의 기본 철학을 이해하고자 하였다.

경영철학이란 학문적으로 소외된 분야이지만 꼭 필요한 분야로 판단되어 경영철학을 그동안 철학을 기반으로 정립하고자 노력하였다.

처음 시도하는 분야로 다소 부족한 부분이 많이 있다는 것을 알고 있으나 이를 바탕으로 더욱 깊이 있는 경영철학을 연구하고 개척하고자 처음 책을 만들어 보고자 하였다.

저자는 경영 분야에 꼭 필요한 기초 지식이 경영철학이라는 것을 강조하고자 하였으며, 경영철학을 만들어가는 데 필요한 철학적 배경을 제시하고자 하였다.

다소 부족하지만 독자들의 조언을 들어 더 좋은 책을 만들어 갈 것을 약속드립니다.

이 책을 출간하게 도움을 주신 도서출판 서훈 고우용 대표님과 임직원 여러분의 노고에 감사드립니다.

2020년 3월

저자드림

목차

경영철학

경영에도 철학이 있을까?

기업을 운영하는데 무슨 철학이 필요할까?

경영학의 다양한 분야에서 경영철학을 논하는 분야가 없다.

왜 경영학과에서 경영철학을 강의하지 않을까?

경영의 근본으로 돌아가면 경영의 최종 목표는 무엇인가?

경영의 최종 목표는 '이윤 창출'이다.

즉, 이윤을 최대로 창출하는 것이 경영의 기본 바탕이다.

이윤을 창출하기 위하여 다양한 경영전략을 추진한다. 이러한 경영전략의 저변에는 경영철학이 깔려 있다. 우리는 경영의 저변에 깔린 경영철학을 물 위로 끌어내지 않고 있었다.

왜 드러나지 않았을까?

이는 경영 실무에 필요하지 않았기 때문이다.

기업을 운영하는데 필요한 '생산, 마케팅, 인사, 재무 등'에 치중해 있었기 때문이다.

이러한 실무 중심으로 경영하다 보니 경영자가 윤리의식을 벗어나 경영하여 구속되는 사례도 종종 볼 수 있다. 따라서 최근 윤리경영이 등장하게 되었다.

윤리경영의 바탕은 무엇인가?

경영철학을 기반으로 윤리경영이 시작된다고 필자는 본다.

모든 경영의 기초가 경영철학에서 시작된다는 것이 필자의 주장이다.

단순히 돈벌이한다면 그 기업은 오래 가지 못할 것이다. 돈벌이가 경영의 최종목적이 아니기 때문이다.

"비우면 보인다."

욕심이 가득 차면 눈앞의 이익만 보이고 미래를 볼 수 없다.

경영에 실패하는 경우가 경영자의 욕심 때문이다. 경영자는 마음을 비우고 앞을 보아야 하지만 눈앞의 이익에 눈앞의 욕심 때문에 경영에 실패하는 경우도 있다.

경영자라면 멀리 볼 수 있는 마음의 자세가 있어야 한다.

Part 1
서양철학의 산책

1. 소크라테스 Socrates
2. 플라톤 Platon
3. 아리스토텔레스 Aristoteles
4. 마르쿠스 툴리우스 키케로 Marcus Tullius Cicero
5. 세네카 Seneca, Lücius Annaeus
6. 몽테뉴 Montaigne, Michel De
7. 홉스 T. Hobbes
8. 르네 데카르트 René Descartes
9. 흄 D. Hume
10. 칸트 Immanuel Kant
11. 다윈 C. Darwin
12. 마르크스 K. Marx
13. 니체 F. Nietzsche
14. 프로이트 S. Freud

1. 소크라테스Socrates

소크라테스(BC 470년~BC 399년)의 사상은 그 당시의 지배계급인 귀족계급을 대변하고 있었는데, 새로운 신흥계급의 출현으로 반민주주의적인 귀족계급이 수세에 몰리고 있었다. 종래 그리스의 유물론적인 자연철학에 대립하여 그는 '너 자신을 알라'라는 말을 기초로 하여 영혼에 대해 깊게 생각하면서 삶의 온당한 방법을 아는 것을 지식의 목적이라 하고 이로써 도덕적 행위를 고양하는 것을 지향하였다. 즉, 단순한 지식이 아니라 실천지實踐知를 중시하였다. 이러한 참된 지知를 얻을 방법을 귀납법에서 찾고, 사람들의 대화에 의한 문답법에서 독단적인 잘못된 지식을 비판하고 제거하면서 일반적인 진리에 도달할 수 있다고 하였다(철학사전편찬위원회, 2012).

경영 현장에서도 제품에 영혼을 불어넣고, 도덕적 제품을 만든다는 철학을 고양하면서 실천적 이론을 중시하여야 한다는 것을 알 수 있다. 이러한 경영지식이 참된 지식으로 볼 수 있다.

소크라테스는 70세 때 젊은이들을 현혹한 죄와 신성 모독죄로 사형선고를 받았다. 소크라테스는 죽음과 연관하여 유명한 명언인 '악법도 법이다.'라는 말을 남기고 법질서를 지키기 위해 당당하게 죽음을 선택하였다. 소크라테스에게 탈옥을 권유하였지만 이를 거절하고

'악법도 법이다.'라고 하였다고 하는데 기록에는 이런 말이 없는 것으로 보고되고 있다.

기업을 경영하면서 수많은 법과 규정을 따라야 한다. 인허가를 보면 많은 규정을 따라야 하고 시간이 필요하여 이러한 규정을 지키려면 비용과 시간을 소비하게 된다. 이러한 비용과 시간을 절약하기 위하여 규정을 따르지 않고 돈으로 매수하여 불법으로 허가를 받거나 탈법적 행동을 하기도 한다. 예로 2018년 문재인 대통령의 공약인 최저임금 인상으로 수많은 중소기업이 경영난에 허덕이고 있다. 인건비 상승에 따른 경영 압박과 주 52시간 근무제도 등 기업을 옥죄는 법이 시행되고 있다.

기업 입장에서는 악법이 될 수도 있지만, 기업은 법을 따라야 한다. '악법도 법이다.' 소크라테스처럼 사약을 받아서는 안 된다. 2018년 유치원법이 발표되면서 법에 대한 항의로 몇몇 유치원이 폐원이란 강수로 법에 대응하였다. 이는 소크라테스의 철학을 경영철학으로 승화하였다면 폐원이란 강수를 두지 않았을 것이다. 폐원하면 경영자는 다른 사업으로 전환하거나 다른 직장을 찾으면 되겠지만 유치원 원아와 유치원에 몸담고 있던 교사나 직원에 대한 책임은 누가 질 것인가? 경영철학이 없는 원장의 경영방침이 된 것이다. 그러나 경영 현장에서는 법이 만들어지면 법을 지키려고 하기보다는 법 테두리를 벗어나는 방법을 찾고 있다.

시간강사법이 2019년부터 시행되면서 대학에서는 많은 시간강사를 해고[계약 해지]하고 있다. 법은 시간강사를 보호하려고 하지만 대학은 시간강사를 대학에서 내보내고 있다. 소크라테스의 법질서를 유지하는 철학을 배우는 것도 중요한 철학의 기반이 될 것이다.

2. 플라톤Platon

플라톤(BC 427년~BC 347년)은 고대 그리스의 철학자로 플라톤의 철학은 철학이란 학문과 같이 논술되는 것이 아니며, 정신적 교제를 통하여 영속 속으로 점화될 수 있다고 하였다.

플라톤은 객관적 관념론의 창시자로서 소크라테스의 제자로 대표작으로는 '대화편'이 있다. 대화편은 다양한 인물 묘사를 매개로 사상을 표현하였다.

그의 철학은 피타고라스, 파르메니데스, 헤라클레이토스 등의 영향을 받았으며, 그 당시의 유물론자 데모크리토스의 사상과 대립하였다. 그는 유명한 '이데아 설'을 제창하였는데 이데아혹은 eidos=형상는 비물질적, 영원, 초 세계적인 절대적 참 실재이며, 이에 대하여 물질적, 감각적인 존재는 잠정적, 상대적이고, 이 감각에 호소하는 경험적인 사물의 세계는 이데아의 그림자, 또는 모상模相이라는 이원론적 세계관을 내세웠다. 세계의 중심을 이루는 것은 세계영혼이며, 인간의 영혼은 세계영혼이 주재하는 이데아 계에 있던 것으로 이 영혼은 불멸不滅이며 이데아를 상기하는 것에서 진정한 인식이 얻어진다고 하였다(철학사전편찬위원회, 2012).

플라톤은 영혼을 눈에 비유하고 진리를 빛에 비유하면서 다음과 같이 말하였다(로저 트리그, 1996).

진리와 존재가 비추는 곳, 이곳에 머물러 있을 때 영혼은 이해하고 지각을 하게 되어, 지성을 지닌 것처럼 보인다. 그러나 어둠과 섞인 것에, 즉 생성되고 소멸하는 것에 영혼이 머물게 될 때는 의견을 가질 뿐이며, 이 의견을 자주 바꾸면서 어두운 상태에 놓이게 되어 이번에는 지성을 갖지 못한 것처럼 보인다고 하였다.

플라톤의 주장처럼 경영에도 진리와 존재가 있어야 우리는 경영을 이해하고 지식경영을 추진 할 수 있다. 기업이 탄생하고 지속 경영이 안 되면 어두운 상태, 즉 소멸의 길을 가게 된다는 플라톤의 철학을 접목하고 싶다. 결과적으로 지속 가능 경영을 위하여 지식경영을 추진하여야 한다.

플라톤은 사슬 풀린 죄수가 다시 동굴로 돌아가 동굴 밖에서 적응된 눈이 다시 어둠에 적응시키기까지 동굴 안의 다른 죄수로부터 조롱을 받게 된다고 하였다. 동굴 안의 죄수는 동굴 밖에서 돌아온 죄수의 눈이 잘못되었다고 한다. 동굴 안의 죄수는 동굴 밖의 상황을 이해하지 않으려고 하기 때문이다. 플라톤은 이것을 '신성한 명상을 저버리고 인간의 사악한 상태'로 전락하는 사람이 겪게 되는 상황이라고 하였다.

사악한 경영을 해서 교도소에 들어간 경영자가 교도소 안에서 적응하는 데 많은 시간이 걸린다. 또한, 교도소 안에서 다른 죄수에게 조롱을 받게 되고 사회에서의 사악한 경영을 잊으라고 할 것이다. 이는 '신성한 명상을 저버리고 인간의 사악한 상태'로 전락하는 경영자의 상황을 묘사하기도 하였다. 즉, 정도 경영을 플라톤의 철학에서 배울 수 있다.

플라톤은 무지몽매에서 깨어나려면 영원한 형상에 대한 지식을 가져야 한다고 하였다. 형상에 대한 비전이야말로 인간이 염원하는 최상의 것이며, 어떠한 교육이든지 그 목표를 형상에 대한 비전을 만들어 내는 데 두어야 한다. 이러한 문제에 대한 플라톤의 해결방안은 우리가 이미 소유하고 있는 지식을 다시 확인하는 데 있다. 이것이 그리스어로 아남네시그[anamnesis], 이른바 상기이다(로저 트리그, 1996).

우리가 무지몽매에서 깨어나 참된 경영을 하려면 경영지식을 가져야 한다. 플라톤의 철학에서 다시금 지식경영을 찾을 수 있다. 또한, 참 경영의 일환으로 비전 경영을 추진하여야 한다는 것을 볼 수 있다. 비전이 없는 경영자, 비전이 없는 기업은 존재 이유가 없다. 비전 경영을 통한 지식경영은 우리 회사가 보유하고 있는 기술이나 지식, 특허 등을 다시금 찾아보고 확인하는 데서 시작한다.

플라톤은 전체 백성의 이익을 위해 지혜롭게 통치할 수 있는 방향을 다음과 같이 주장하였다.

철학자들이 그들이 사는 국가의 왕이 되거나, 현실 세계의 왕과 왕자가 철학적 정신과 권력을 동시에 가질 때 국가는 재앙에서 벗어날 수 있다고 하였다(로저 트리그, 1996).

경영자가 경영철학이 없고 경영에 철학을 접목하지 못하는 기업은 재앙이 온다는 것을 플라톤은 암시하여 주고 있다.

경영철학이 없는 경영자가 경영한다면 일시적인 돈벌이로 기업의 생명은 끝날 것이다.

철학이 없는 경영자는 모방제품[짝퉁]을 만들거나 남에게 해를 끼쳐서 돈벌이에 치중할 것이다. 결국, 이들은 사악한 상태로 빠져들어 갈 것이란 것을 플라톤 철학에서 배울 수 있다.

플라톤의 대화편 가운데 가장 많이 알려진 작품이 '향연symposion'이다. 원제는 심포지온인데 '함께 마시다.'라는 뜻이다. 고대 아테네에서는 함께 술을 마시고 음악을 들으며 대화와 토론의 자리를 말한다. 이 작품에는 진지하게 토론하는 자리라는 점을 강조하기 위해 일반 연회와 달리 악사들을 물리는 장면도 나온다(김용석, 2007).

경영자 여러분은 독단적으로 일합니까?

경영자의 독단적인 추진력도 필요합니다. 그러나 기업의 미래를 위하여 종업원과 진지하게 토론해 보았는지요?

직원들과 '향연symposion'의 자리, 진지한 토론의 자리를 만들어 봅시다.

3. 아리스토텔레스Aristoteles

아리스토텔레스(BC 384년 ~ BC 322년)는 고대 그리스의 철학자로서 학문 전반에 걸친 백과사전적 학자로서 각 부문의 기초를 쌓고 논리학을 창건하기도 하였다. 그의 연구는 존재와 그 구성, 원인, 기원을 대상으로 하는 이론학으로 제1 철학, 수학, 자연학이 포함되고 인간의 활동을 대상으로 하는 실천학으로는 윤리학, 경제학, 정치학이 포함되며, 창조성을 대상으로 하는 제작술製作術은 시詩 등 예술활동이 포함된다. 제1 철학은 후에 형이상학이라 불리게 된다. 학문 연구의 대상은 일반적인 것의 획득이고 이 획득은 감각에 기초한 지각에 의해 개개 사물 가운데 있는 일반적인 것을 인식함으로써 성립하며 감각적인 것을 통하지 않고는 체험될 수 없다고 보고 귀납을 인식의 조건으로 삼았다. 아리스토텔레스는 사물 생성의 조건이라는 의미에서의 원인으로 질료質料는 생성의 수동적인 가능성이며, 형상形相은 질료에 내재하는 본질이고 운동의 시원始原 그리고 목적 등 네 가지를 들었다(철학사전편찬위원회, 2012).

아리스토텔레스가 관심을 두었던 것은 사물만물은 내재하는 목적이 있다는 것으로 사물이 존재하려면 본성이 충분히 계발되어야 한다는 것이다. 여기서 사물은 사람, 가정, 가족 등 모든 것이 포함된다.

경영자 역시 인간의 근본 즉, 본성을 갖추어야 한다. 인간의 본성을 갖추는 것은 경영철학을 넘어 인간이면 누구나 갖추어야 할 자세이다.

경영자의 본성뿐만 아니라 경영 자체도 인간의 힘으로 이루어지는 것으로 인간의 본성이 근본이 되어야 한다.

본성이 갖추어지지 않은 경영자는 자기 이익 중심의 이익에만 급급한 경영을 추구하게 될 것이다.

아리스토텔레스는 사회에서 살 수 없는 존재는 신과 짐승뿐이라고 말하였다. 즉, 인간은 공동체 속에서 살아가고 있다는 것을 의미한다.

경영 현장도 공동체로 경영자 혼자만이 살아가는 것이 아니라는 것을 명심해야 한다. 조직원으로 구성된 공동체가 경영 현장이다. 그러나 경영자의 독선은 이러한 공동체를 무너트릴 수 있다. 경영의 공동체가 무너지면 기업은 무너지게 되어 있다.

아리스토텔레스는 본성상 자유로운 사람이 있으면, 이성을 이해할 수 있지만, 그것을 사용할 수 없는 이들은 본성상 노예와 다름없는 자라고 하였다. 이는 아무리 잘 길든 짐승이라도 이성을 이해하지 못하고 본능을 따르는 데 그치기 때문이다. 이성력은 지성적 기능일 뿐만 아니라 도덕적 기능으로서 인간을 짐승과 구분해주는 특성을 보이고 있다(로저 트리그, 1996).

아리스토텔레스의 철학의 저변에는 '인간은 이성적 동물'이란 철학정신이 깔려 있다.

경영철학 역시 인간은 '이성적 동물'이란 것을 기반으로 하여야 한다. 종업원을 머슴으로 잘못 판단하는 경영자도 있다. 종업원의 이성을 이해하여야 한다. 경영 현장에서의 이성적 판단은 지성적 가치를 높여 줄 뿐만 아니라 도덕적 기능의 특성도 제공하여 준다. 따라서 모든 경영의 저변에는 인간의 이성을 존중하여 주어야 한다.

종업원으로서의 자세 역시 이성이 근본이다. 회사에서 짐승처럼, 노예처럼 일할 것인가? 이성적으로 인간답게 일할 것인가는 본인의 이성에 맡겨 두고 싶다.

4. 마르쿠스 툴리우스 키케로Marcus Tullius Cicero

키케로(B.C.106 ~ B.C.43)는 뜨거운 인간애와 훌륭한 성품을 가진 도덕적 인간이었고, 자기의 안위보다 시민의 자유를 더욱더 귀하게 여겼던 정치가였으며, 플라톤이 꿈꾸었던 철인정치가 어떠한 것인지를 몸소 보여준 철학자였다. 또한, 키케로는 개인의 야망과 공공선의 실현이 어떻게 조화될 수 있는지 그리고 '공화'란 어떤 조건에서 가능한지를 후대에 가르쳐준, 제도 사상사에 큰 획을 그은 위대한 공화주의 사상가였다(곽준혁, 2016).

아주 가까운 친구가 죄를 짓고 숨겨달라고 찾아오면 어떻게 할 것인가?

키케로가 기원전 44년에 집필한 '우정론deamicitia'에 해답이 있다. 우정의 조건으로 키케로는 '먼저 우정은 선한 사람 사이에만 가능하다'고 전제한다. 키케로가 말한 선한 사람이란 추상적이지 않으며, 우리가 일상생활에서 경험하면서 알 수 있는 것이다. 일상의 행동에서 성실과 정직 그리고 공정성과 아량을 보여주는 사람들, 탐욕과 방종 그리고 파렴치한 행위와 거리가 먼 사람들, 굳건하게 소신을 지킬 줄 아는 사람을 주로 의미한다. 이런 미덕을 가진 사람 사이에서 우정은 싹튼다. '미덕이 우정을 낳고 지켜주니, 미덕 없이 우정은 어떤 경우도 존속할 수 없다'고 한다(김용석, 2007).

경영철학도 우정론과 맞아떨어진다. 이해관계로 맺어진 인간관계는 우정이라고 할 수 없다. 우정은 이익을 가져다주지만, 이익을 위하여 우정을 찾으면 안 된다는 것이 경영철학이다.

'깡패도 의리가 있다'라는 말을 흔히 한다. 이는 이치에 맞지 않는 말이다. 이 말은 '깡패니까 의리가 있다'로 고쳐야 한다. 깡패 조직에는 이해를 바탕으로 존재하지 봉사와 희생정신은 없다. 그들에게 의리란 억압적이며 개인의 자유를 배제한다. 조직을 유지하기 위한 수단으로 활용된다.

지인 중 젊었을 때 친구와 둘이서 동업으로 옷 장사를 하였는데 설 명절 장을 보고 나서 서로 고향에 내려가야 하는데 돈을 세어보니 한 사람 몫밖에 안 되어서 지인이 내가 고향에 안 갈 테니 당신이 갔다오라 하고 가진 돈을 모두 친구에게 주어 고향을 가게 하였다. 그 후 두 친구는 우정으로 신뢰로 살아가면서 서로 다른 길을 가게 되었는데 그때 고향에 다녀온 친구는 공장을 크게 차려 성공한 기업가가 되었다. 오래전 우정으로 서로가 집을 방문하면 안방을 내어주고 힘들고 어려운 일이 있으면 가장 먼저 찾아오는 친구로 남아 있다.

옛말에 좋은 친구 셋이 있으면 성공한 인생이라고 하였다. 경영하면서 친구 셋만 얻으면 기업을 운영하는 데 가장 힘이 될 것이다.

키케로의 우정론에서 처럼 '우정은 선한 사람들 사이에만 가능'하니 경영철학도 선한 경영 즉, 선한 사람이 만드는 기업이 훌륭한 기업임을 철학으로 가져가야 한다.

선한 경영자로 유한양행의 유일한 박사를 사례로 들고 싶다.

유한은 특히 투명경영과 성실납세는 기업 경영의 제1원칙이었다. 일본강점기와 1960년대 권력과 타협하지 않는 유한양행을 향한 세무조사의 칼날은 1원도 탈세하지 않은 사실이 알려지며, 오히려 모범납세기업으로 선정되는 계기가 되었다. 그래서 1968년 유한양행은 모범납세기업으로 선정되어 동탑산업훈장을 받기도 했다. '기업의 존립 바탕인 국가에 성실하게 납세하는 것은 당연하지만 정치와 기업이 철저하게 분리되어 투명한 경영을 해야 한다'는 그의 신념이 유한양행의 기업 이미지에 또 하나의 큰 보탬을 준 셈이다. 유일한이 평생 기업가로서 펼쳐온 국익 사상, 혁신을 바탕으로 한 합리적 실용주의, 낭비를 절대 허용치 않는 근검절약의 정신과 청지기 정신은 한국 사회 기업사의 보기 드문 모범이 되고 있다(유한양행 홈페이지, 2019).

5. 세네카Seneca, Lücius Annaeus

세네카(BC 4년 추정~65년)는 후기 스토아학파의 철학자로서 유명한 변론술학자辯論術學者를 아버지로 둔 그는 젊은 시절부터 웅변가로서 명성을 날렸다. 그 후 정계政界에 투신하였지만, 유형流刑에 처하는 등 많은 파란을 겪었다. 말년에 네로황제의 교사가 되었지만, 후에 황제복멸皇帝覆滅의 음모 사건에 연루되어 자살을 명령받았다. 그는 세속에 물들면서도 인간이 인간다운 까닭은 올바른 이성 때문이라는 것과 유일의 선善인 덕德을 목적으로 행동하기 때문이라는 스토아주의를 역설하고 모순과 불안에 찬 생애를 보냈다. 그의 스토아 윤리에는 이처럼 인간미와 비조悲調가 첨가되어 있으며 영혼을 육체와 구별하여 육체보다 우위에 두었다(철학사전, 2009).

세네카의 '행복한 삶에 관하여De vita beata'에서 행복론은 사람이면 누구나 바라는 행복으로 가는 길에 대한 철학이 담겨있다. 그는 자연의 이치를 깨닫는 것이 얼마나 소중한지를 역설하고, 쾌락과 미덕이 우리 삶에서 갖는 위상이 어떻게 다른지 설명하면서, 진정한 행복을 얻으려면 '미덕을 앞장세우고 쾌락은 좇아오게 하라'라고 가르친다(김용석, 2007).

행복의 조건이 무엇인가?

부정한 방법으로 부를 축적하여 호화로운 삶을 산다면 과연 행복할까?

전임 대통령이 수천억 원을 부정 축재하여 재물을 쌓아두고 퇴임 후 한 푼도 없다고 오리발 내밀면서 골프를 즐기고 수행원을 수십 명 데리고 다니면서 과거 권력을 과시하면서 사는 삶이 행복할까?

가습기 살균제를 만들어 많은 생명을 잃게 하면서 얻은 이익으로 과연 행복할까?

악덕 경영으로 얻은 이익으로 좋은 차와 좋은 집 그리고 방탕한 생활이 행복한 경영인가?

세네카의 행복의 조건을 경영철학에 담아본다. 행복한 경영이 무엇인가는 세네카의 철학에서 알 수 있다. 행복한 경영은 경영윤리이며 미덕이 경영철학이다.

6. 몽테뉴Montaigne, Michel De

몽테뉴(1533년~1592년)는 르네상스기의 프랑스 철학자이며, 모럴리스트로 알려져 있다. 그는 회의론에서 출발했다. 이는 중세의 스콜라 철학이나 가톨릭교회의 교의인 신 자체에 대해서는 의문을 품었지만, 사물에 대해서는 아무것도 알지 못한다는 식의 불가지론을 주장하는 것이 아니다. 그의 태도는 독단을 피하고 모든 것에 대해 비판을 게을리하지 않는다는 것이며, 이러한 태도로부터 인생에 대한 고찰을 추상화하여 유명한 '수상록(Essais, 1580)'을 남겼다. 종교가 가르치는 것과 같은 천국에서의 행복이 아니라 현재의 생활을 적극적으로 영위할 것을 주장했다(철학사전편찬위원회, 2012).

몽테뉴의 '수상록'에서 세 가지 교제에 대하여 말한다. 인생에는 중요한 세 가지 교제가 있는데 첫째는 교양이 있고 학식이 있는 사람들과의 교제이다. 둘째는 교양 있고 아름다운 여인을 통한 인간관계 맺기라고 할 수 있다. 셋째는 변덕 부리는 일 없이 불평을 늘어놓지도 않고 늘 같은 얼굴로 우리를 맞이해주는 책과 사귐이다(김용석, 2007).

몽테뉴의 철학에서 경영자로서 꼭 보아야 할 것이 세 번째 책과 사귐이다. 책 속에 길이 있다는 말이 있듯이 경영자는 책을 항상 가까이하면 책 속에서 경영의 길을 찾을 수 있다. 몽테뉴가 말하였듯이 책은 언제나 내가 가는 곳에 있고 어디서나 나를 도와준다는 경영철학의 하나이다. 경영에 어려움이 오면 책을 펼쳐보는 것도 길을 찾는 방법의 하나이다. 또한, 경영의 길을 찾지 못할 때 책을 보는 것도 경영철학으로 가는 길이라 생각한다. 경영자는 항상 책을 가까이하여야 한다는 몽테뉴의 철학이 담겨있다.

신규사업, 신제품개발, 아이디어 발상 등 다양한 분야가 책 속에 숨겨져 있다는 것을 명심해야 한다.

7. 홉스T. Hobbes

홉스(1588년~1679년)는 영국의 철학자이며, 정치학자로서 영국 유물론의 창시자인 베이컨의 유물론 철학을 계승하고 체계화시켰다. 체계화 과정에서 그는 수학적 요소를 중시하고 자연 현상을 역학적 그리고 양적 형식으로 파악함으로써 운동을 공간에서 역학적인 위치 변화로 밖에 보지 못하였다. 결국 그의 이론은 베이컨이 물질에서 인지한 다양한 운동 형태를 부인하는 결과가 되었고, '감성이 그 화려함을 잃은', '인간 혐오'의 유물론으로 되었다(철학사전편찬위원회, 2012).

홉스는 인생은 고독하고, 가난하며, 추악하고, 야만스럽고, 짧다. 라고 하였다. 홉스는 '생명은 수족의 움직임에 지나지 않는다.'라고 주장하였다. 즉, 인간은 자기가 움직이고 싶은 대로 움직이면서 스스로 지탱하는 엔진이라고 하였다(로저 트리그, 1996).

홉스의 주장이 현실화하여 가고 있다. 인간은 기계(컴퓨터, 인공지능 등)에 의하여 조정되고 인공지능에 통제를 받고 있다. 기계에 의하여 인간이 움직이게 되는 시대가 오고 있다. 기계인공지능가 제공하는 자료에 의존하여 자기 결정력이 떨어지는 현실화가 되고 있다.

홉스가 인간 행태에 대한 자신의 핵심 주장을 확증하기 위해 끌어들인 것은 일상의 경험이었으며, 이는 우리는 모두 매우 이기적이고 우리 자신의 이득을 위해서 다른 사람을 이용하려 한다는 아주 단순한 사실이었다. 인간은 자연 상태에서 서로 평등하며, 어떤 특정 사회의 법률에 따라 구속되지 않으며, 살아남기 위해 노력한다는 것이 홉스의 생각이다(로저 트리그, 1996).

기업 역시 이기적으로 영리를 목적으로 하고 기업의 이익을 위하여 종업원을 고용하며, 자연 상태에서는 평등하고 기업이 살아남기 위하여 노력하고 있다.

홉스의 사회철학은 인간이란 자신에게 이익이 되지 않는 한, 다른 사람과 협동하지 않고 남을 도와주지 않는 자기 이익만을 추구하는 개인이라는 인간관에서 직접적으로 비롯된다고 하였다. 즉, 합리적인 경제인이라는 일반 개념은 기회가 생길 때마다 다른 모든 사람을 이용해서라도 자신의 이익을 얻으려는 사람을 가리킨다(로저 트리그, 1996).

기업 역시 기회가 생길 때마다 기회를 포착하여 이익을 추구하려고 한다. 이는 기업뿐만 아니라 직장인도 자기 이익을 위하여 기회를 찾고 기회를 활용하여 승진 또는 성과를 창출하여 자기 이익을 얻으려고 한다. 이러한 홉스의 자기 이익 추구는 우리 사회에서 경쟁이 되고 있다. 치열한 경쟁에서 살아남아야 자기 이익을 찾을 수 있다.

기업은 자기 이익을 위하여 인간의 약점인 게으름을 이용하여 인간을 더 게으르게 하는 제품을 개발하고 있다. 이를 인간의 편리성, 효율성이라고 하지만 편리성은 인간을 게으르게 한다. 게으름은 인간이 자기 이익에 치중하게 하는 요소이기도 하다. 자기 이익이 없으면 일하지 않을 것이며, 생각하지도 판단하지도 않게 된다.

8. 르네 데카르트René Descartes

데카르트(1596년~1650년)는 '근대철학의 아버지'라 불리며 합리주의 철학의 길을 열었다. 새로운 원리 위에서 학문을 통일적으로 재건하고자 하였다. 그리하여 엄밀한 논증적 지식인 수학에 근거하여 형이상학, 의학, 역학, 도덕 등을 포함하는 학문 전체를 '보편학'으로 정립하고자 했다. 그가 보편학을 학문 이념으로 삼는다고 말한 것은 수학적 방법을 모든 학문에 보편적으로 적용할 것을 이념으로 한다는 말이다(철학사전편찬위원회, 2012).

우리가 모든 것을 의심하여 이 세상에 확실한 것이 아무것도 없다 해도 한 가지만은 의심할래야 의심할 수 없다. 데카르트는 그렇게 의심하고 있는 나의 존재만은 의심할 수 없다고 한다. 사유의 내용은 의심할 수 있어도 사유한다는 사실과 사유하는 주체로서의 나의 존재는 틀림 없이 있어야 한다. 그리하여 그는 '나는 생각한다. 그러므로 나는 존재한다Je pense, donc je suis : cogito ergo sum'라는 명제를 제1 원리로 내놓았다(철학사전편찬위원회, 2012).

데카르트는 이원론에 기초를 두고 있으며 정신과 육체는 분리되어야 한다고 주장하였다. 여기서 정신은 신의 뜻으로 과학이 될 수 없으며, 육체는 기계와 같아서 고장 난 부문을 고치면 된다고 주장하였다.

데카르트가 주장한 '나는 생각한다'를 현대의 경영으로 돌려 보면 경영자는 생각하여야 한다. 인간이라면 누구나 생각하여야 하지만, 기업이 존재하려면 경영자는 경영자의 위치에서 관리자는 관리자의 위치에서 생각하여야 한다는 것이다. 미래를 볼 수 있는 눈으로 생각하라는 것으로 해석하고 싶다.

9. 흄D. Hume

흄(1711년~1776년)은 영국의 철학자로서 흄의 인식론認識論은 J.로크에서 비롯된 '내재적 인식비판'의 입장과 뉴턴의 자연학의 실험 및 관찰의 방법을 응용했다. 인간 본성 및 그 근본 법칙과 본성에 의존하는 여러 학문의 증거를 증명하는 일이었다. 홉스의 계약설을 비판하고 공리주의를 지향하였다(두산백과, 2019).

흄D. Hume은 '인간 본성론A treatise of human nature'에서 인간 본성의 개념을 개인 사유소유의 핵심이라는 점을 강조하였다. 또한, 행위에 원인이 없으면 규칙성을 잃어 예측이 불가능하게 된다고 하였으며, 예측이 불가능하면 삶의 의미도 무의미하게 된다고 하였다. 즉, 미래가 없는 삶을 살게 된다고 하였다. 이는 우리의 기대를 충족시켜주는 사람들과 관계를 맺으며 함께 살아가려고 한다. 인간은 사회적 동물이며, 사회 속에서 함께 살아가기 때문이다.

우리가 살아가는 이유나 기업이 존재하는 이유를 흄의 철학에서 볼 수 있다. 경영에서도 고객의 기대를 따르는 정도正道 경영은 고객이 원하는 경영방식이다. 고객 역시 정도 경영을 하는 기업의 제품과 서비스를 구매하고 지속해서 관계를 맺기를 원한다.

일시적인 이익을 얻기 위하여 모방제품을 만드는 기업이나 불량제품을 만드는 기업 그리고 소비자에게 피해를 일으키는 기업과 고객은 오랫동안 관계를 맺고 싶어 하지 않는다. 사례로 가습기 살균제[1]로 인하여 1,421명이 사망하였는데 과연 살인 제품을 만들어 판매하는 기업과 소비자는 지속해서 관계를 이어 가고 싶어 할까?

1) 가습기 살균제[세정제]로 인해 폐 손상 증후군(기도 손상, 호흡 곤란 · 기침, 급속한 폐 손상(섬유화) 등의 증상)이 일어나 주로 영유아, 아동, 임신부, 노인 등이 사망한 사건이다. 1994년 최초로 가습기살균제가 출시(유공(현 SK케미칼)의 '가습기 메이트')된 이후 가습기 살균제로 인한 폐 손상이 원인으로 추정되는 잇단 사망 사건은 2011년 4월부터 알려지기 시작했다. 당시 서울의 한 대학병원 중환자실에서 급성호흡부전을 주 증상으로 하는 중증 폐렴 임산부 환자의 입원이 증가하고 있다는 신고와 조사 요청이 질병관리본부에 접수되면서 역학조사가 실시되기에 이른 것이다. 이후 그해 8월 보건복지부와 질병관리본부는 원인 미상의 폐 손상 원인이 가습기 살균제(세정제)로 추정된다는 내용의 중간조사 결과를 발표했다. 그러나 확실한 인과관계가 입증되지는 않았다며 제품 수거에 나서지 않았다가, 그해 11월 역학조사와 동물흡입실험 결과를 바탕으로 옥시레킷벤키저와 롯데마트 · 홈플러스 등에서 파는 6가지 제품에 대해 위해성이 확인됐다며 수거에 나섰다. 그리고 2012년 2월에는 동물실험 결과를 발표하며 가습기 살균제에 사용된 PHMG[폴리헥사메틸렌구아디닌] 인산염과 PGH[염화에톡시에틸구아디닌]의 독성을 확인했다고 밝혔다(네이버 지식백과, 가습기살균제 사건(시사상식사전, pmg 지식엔진연구소, 2019).

10. 칸트Immanuel Kant

칸트(1724년~1804년)는 1781년 57살 때 '순수이성비판'을 내놓았지만 해괴망측한 나머지 도저히 이해할 수 없는 글이라는 혹평을 받기도 하고 내용에 대한 오해도 많이 받았다.

칸트는 오해를 불식시키기 위해 '순수이성비판' 입문서에 해당하는 '형이상학 서설(1783)'을 내놓았고, 1784년에는 역사철학 '세계 시민적 관점에서 본 보편사의 이념', 1785년 '도덕 형이상학 원론', 1786년 '자연과학의 형이상학적 기초'를 내놓았다. 그리고 1788년 '실천이성비판', 1790년 '판단력 비판'을 내놓음으로써 칸트의 이른바 삼대 비판철학 서가 완결되었다. 칸트에게 인식의 형식 또는 능력이란 시간과 공간직관형식 또는 감성형식, 그리고 지성의 능동적인 작용에 바탕을 둔 범주개념형식다. 시간과 공간은 경험을 통해 인식 대상을 담는 틀이고, 범주는 개념을 통해 지성이 사고할 수 있게 해주는 틀이다. 직관은 수동적, 수용적이고 개념은 능동적, 자발적, 구성적이다. '직관 없는 사유는 공허하고 개념 없는 직관은 맹목적'이라는 말에서 직관은 쉽게 말해 경험에 해당한다(표정훈, 2013).

칸트 철학의 주요 관점은 '인간은 무엇인가?'이다. 이성적 존재자로서의 인간에 관한 관심이었다. 이를 세 가지 물음으로 세분화하면 다음과 같다(고승철, 2009).

첫째, 나는 무엇을 알 수 있는가?

둘째, 나는 무엇을 행해야만 하는가?

셋째, 나는 무엇을 희망해도 좋은가?

이 물음들을 통해 칸트가 탐구하는 것은 인간 이성에 허용되는 지식, 행위, 희망의 가능 근거와 범위였다. 칸트는 세 가지 물음을 다음과 같이 말하였다(고승철, 2009).

첫째, 물음에 관한 연구가 이론철학, 즉 지식 이론이다. 칸트는 '우리의 모든 인식이 경험과 함께 시작된다고 할지라도 그렇다고 해서 우리의 모든 인식 모두가 바로 경험으로부터 생겨나오는 것은 아니다'라면서 '왜냐하면 우리의 경험 인식조차도 우리가 이상을 통해 수용한 것과 우리 자신의 인식 능력이 자기 자신으로부터 산출해낸 것의 합성이겠으니 말이다.'라고 설파하였다.

둘째, 물음은 실천철학 윤리 이론에 관한 것이다. 칸트는 그 자체로서 선한 것은 오로지 선의지善意志뿐이라고 주장했다. 선의 개념은 도덕법칙에 앞선 것이 아니라, 바로 도덕법칙에 따라 있다는 것으로 도덕은 인간에게 당위이며 도덕적 행위는 인간 이성에게 의무이다.

셋째, 물음은 희망의 철학 윤리 신학에 대한 것으로 영혼이 불멸한다고 믿었다. 그러나 신의 존재는 증명하지 못하였다. 그러나 신이 존재함을 희망하며 윤리성에 부합하도록 살아야 한다는 것이다.

칸트의 철학에서 배우듯 지식과 행위 그리고 희망을 기업 철학으로 세우고 싶다. 기업에서 경험을 중시하고 경험을 바탕으로 기업을 운영하지만, 기업의 모든 일이 경험에만 의존하여서는 안 된다. 그리고 경영철학의 기본 바탕으로 선善을 기반으로 도덕법칙을 철학으로 세우라고 권하고 싶다. 규정이나 법 이전에 기업은 도덕적 경영을 철학으로 삼고 도덕경영을 추구하여야 한다. 마지막으로 경영자는 영원히 존재하지 않지만, 기업은 영원히 존재하도록 기업 윤리를 준수하는 철학이 있어야 한다.

11. 다윈C. Darwin

Darwin Charles(1809년~1882년)는 영국의 박물학자博物學者이며 진화론자로 에든버러대학 의학부를 중퇴하고 케임브리지대학 신학부를 졸업하였다. 다윈은 박물학을 연구하여 1831~1836년 해군 측량선 비글호에 동승하여 남태평양의 지질과 동식물을 자세히 조사하여 생물 진화의 확신을 얻어 관찰기록을 '비글호 항해기'로 출판하여 진화론의 기초를 확립하였다. 1859년 '종種의 기원起原 : On the origin of species by means of natural selection or the preservation of favoured race in the struggle for life,' 정식 명칭은 '자연 선택에 의한 종의 기원에 관하여'에서 진화론을 발표하였다(철학사전편찬위원회, 2012).

다윈의 대표 저서 '종의 기원(The origin of species, 1859)'은 자연도태를 통한 종의 진화에 대한 견해로 종種은 개별적으로 창조되는 것이 아니라 한 종은 다른 종으로 점진적으로 진화한다고 주장하였다. 하나의 개체는 생존을 위하여 다른 종과 경쟁하여야 하며, 자원은 제한되어 있어 다른 종과 서로 경쟁하며 살아간다고 하였다. 따라서 우수한 종은 주어진 환경에 가장 잘 적응하는 종이 살아남고 종을 번식한다고 하였다.

또한, 종이 같다고 하여도 조금씩 서로 다르기 때문에 자연도태가 일어난다고 하였다. 이처럼 생존경쟁은 작은 변화에서도 진화는 일어날 것이고 종의 객체는 이익이 된다면 생존에 기여할 것이며, 대부분 그 후손에게도 유전될 것이라고 하였다.

다윈의 철학에서와 같이 기업이 후손에게 유리한 생존 기회를 남겨주기 위하여 주어진 환경에 대처하는 능력을 점진적으로 개선하고 확장하여 나가야 함을 알 수 있다. 즉, 기업 내 우수한 경영 유전자DNA가 유지되고 개발되어 오랜 세월 거쳐 나아 가야만이 새로운 종(신제품 또는 경영전략)으로 탈바꿈 할 수 있다. 신제품 또는 기발한 아이디어 상품은 기업인이면 누구나 원하는 상품이지만 신제품이 어느 날 갑자기 툭 튀어나오는 것이 아니라 오랜 시간 동안 기업의 전통과 우수한 아이디어가 축적되어야 새로운 제품이 창조된다는 것을 다윈의 철학에서 볼 수 있다.

다윈은 '진화의 법칙에 대한 우리의 무지는 심각하다'라고 강조하였다. 기업도 진화에 대한 무지가 기업을 멸망에 이르게 한다. 사회의 변화나 제품의 진화에 대하여 무지하거나 소홀하면 결국 기업은 문을 닫아야 한다. 사례로 세계적으로 명성을 떨쳤던 모토로라는 핸드폰 제조업으로 명성을 얻고 있을 당시 경쟁기업은 스마트 폰 개발에 집중하였다. 모토로라는 스마트 폰 개발을 알고 있으면서 무시한 것이다. 시장에 스마트 폰이 출시되면서 과거의 모토로라 핸드폰은 역사 속으로 사라져 갔다.

모토로라는 1세대 휴대폰 시장을 선도하며, 무선통신 업계에서는 여러 분야에 세계 최초라는 명성을 얻으면서 1980년대 무선통신을 비롯한 IT분야를 이끌었던 기업이다.

이러한 모토로라도 시장의 변화에 무지함으로써 2011년 8월 15일 모토로라 모빌리티가 125억 달러에 구글google에게 인수되었다.

다윈의 철학에서 오로지 적자만이 생존하고 도덕이 때때로 생존을 저해한다면, 적자생존은 도덕에 대해 적대적 경향을 가질 수 있다. 다윈은 도덕이 개인에게 이득이 될 수 없을지라도, 부족에게 도움이 될 수 있다는 믿음을 가지고 있다. 애국심, 성실, 복종, 용기, 공감을 상당 수준까지 소유함으로써 언제나 타인을 도와주려고 하고, 일반적 선을 위해 자신을 희생시키고자 하는 사람이 많이 모인 부족은 다른 부족을 지배 할 수 있으며, 이것이 바로 자연도태가 될 것이라고 하였다(로저 트리그, 1996).

이는 기업이 이익을 추구하기 위하여 도덕을 무시하거나 비도덕적 경영을 추구한다면 생존 경쟁력에서 살아남을 수 없음을 보여주는 철학이다. 이와 같은 철학은 종업원이 기업의 보살핌 속에서 근무한다면 이러한 좋은 유전자를 종업원이 물려받아 후진에게도 유전자가 전달될 것이다. 즉, 경영자의 보살핌 속에서 성장한 기업은 무관심 속에서 성장한 기업보다 생존 확률이 높아질 것이다.

12. 마르크스K. Marx

Marx Karl(1818년~1883년)은 과학적 사회주의-공산주의의 창시자로 변증법적 및 사적 유물론 그리고 과학적 경제학의 정립자로 마르크스의 활동과 이론연구에서 헤겔 철학의 타협적 경향과 정치적으로 보수적인 입장의 원리와 현실의 사회관계 및 변혁의 과제 사이에서 발견되는 불일치를 발견하고 헤겔Hegel, Georg Wilhelm Friedrich로부터 이탈과 더 나아가서는 청년 헤겔학파에도 만족하지 않고 포이에르바하Feuerbach, Ludwig의 유물론으로 연구하였다. 또한, 현실에 관한 경제적인 연구로 나아갔다. 마르크스는 혁명적 민주주의로부터 프롤레타리아proletariat 공산주의로 노동자 계급의 입장으로 혁명적 변화를 수행했다(1844). 이것이 일어났던 것은 유럽에 있어 프롤레타리아 계급투쟁의 진전과 실레지엔 지방의 섬유 노동자의 봉기 그리고 파리에서의 그 자신의 혁명적 투쟁의 참여가 커다란 요인으로 작용했다(철학사전편찬위원회, 2012).

마르크스가 주장하는 공산주의는 공동생산, 공동분배의 원리로 마르크스의 이론은 현재의 공산주의 국가를 만들게 되었다. 그러나 공산주의 단점인 자유경쟁이 없는 사회로 공산주의는 다시 자본주의를 도입중국이 대표적 사례임하고 있으나 이를 부정하고 아직도 공산주의를 고집하여 민생경제가 허덕이는 나라가 북한이다. 지금의 공산주의 국가는 변화된 마르크스주의로 볼 수 있다.

마르크스의 유명한 말 중의 하나가 '세계를 변혁시키는 일'이다. 마르크스의 대표적 저서 '자본론capital'에서 경제적 이익이 우선임을 강조하였으며, 마르크스는 변화를 갈망하고 더 좋은 사회를 창출하려고 했다. 그리고 그는 우리의 역사가 우리를 만들었지만, 우리는 역사를 만들어 간다고 하였으며, 마르크스는 적절한 조건 아래서 우리는 서로 협동한다고 믿었다(로저 트리그, 1996).

기업 역시 자본론에서와 같이 경제적 이익이 경영의 중심이 된다. 좋은 회사를 만들어서 더 많은 이익을 창출하고 부를 확대하려고 추진하는 것이 기업 경영의 기본 원리이다. 기업 역시 역사가 기업을 만들었지만, 기업이 새로운 역사를 쓰고 있다.

예로 현대 고 정주영 회장은 우리나라의 빈곤한 환경이 현대를 만들었고 현대는 새로운 기업의 역사를 만들었다. 황무지 바닷가에 조선소를 세우고 자동차 회사를 만들고 서산 간척지를 일구어낸 새로운 신화를 창출한 것은 마르크스 철학을 현대 기업에 접목한 것으로 이해하고 싶다.

기업가는 이기적일 수 있다. 자신의 경영철학으로 기업을 이끌기 위하여 이기적인 수단으로 경영을 추진하기도 한다. 그러나 일류기업은 서로 협동하여 아이디어를 창출하고 새로운 도전을 한다.

마르크스의 이론에서 '휴머니즘적 요소'로서는 노동자는 많은 물건을 생산할수록 점점 더 '소외된 객관적 세계'에 놓이게 되고 상품 세계는 그 자체가 적대적인 힘을 가지고 있어 노동자를 파멸시킨다고 하였다. 실제로 상품이 많이 생산될수록 노동력은 점점 더 상품화되고 노동은 개인의 자유롭고 창조적 개성의 표현이 아니라 타락한 비인간화의 수단이 된다고 하였다. '인간세계의 평가절하는 상대적으로 물질세계의 가치증대로 진척된다.'고 주장하였다(로저 트리그, 1996).

물질문명이 급속히 발전되고 부의 경제가 커지면서 기업은 더 많이 더 싸게 더 좋은 제품을 생산하는 데 경영의 초점을 맞추고 있다. 이러한 현실 세계는 노동력이 상품화되어 가고 생산은 기계에 의존하고 인공지능의 지시에 따라 사람이 움직이면서 노동자들의 노동은 창조적인 개인 능력의 표출이 아니라 비인간화된 즉, 기계화된 인간세계가 되어 가고 있다. 자동화된 생산 현장에서 기계의 움직임에 따라 노동자들은 기계의 지시에 따라 제품을 생산하고 기계의 지시에 따라 쉬는 시간을 갖기도 하고 일을 하기도 한다. 급속한 기술 발전은 휴머니즘적 제품 생산은 사라지고 노동력은 상품화되어 가고 있다. 그러나 모든 업종에서 기계화는 아니라고 주장하고 싶다. 특히 서비스업이나 인간중심의 창의력을 요구하는 제품, 예로 도자기나 예술품은 개인의 개성이 표출되어야 한다.

마르크스의 변질한 사회주의적 경영방식이 국립대학의 비정규직에 남아 있음을 볼 수 있다. 모 대학의 기숙사 조직은 3명씩 팀을 이루어 서로 감시체계 조직을 구성하여 3명의 팀원은 서로 작은 약점이라도 찾아내려고 눈에 불을 켜고 감시하고 보고하고 있다.

조직을 이끄는 정규직 공무원은 보일러 기능직으로 입사하여 세월이 지나면서 공무원이 되고, 전산 프로그래머로 공무원이 된 실장이 경영철학도 경영의 기본 지식도 없이 비정규직의 목에 칼을 들이댄다. 6개월에 5명이란 비정규직이 자의 반 타의 반 회사를 떠나는 것을 보았다. 13명의 비정규직 중 5명이 충성을 맹세하지 않았다는 하나의 이유로 직장을 떠난 것이다.

변질한 사회주의 경영방식으로 비정규직의 목에 해고라는 칼을 들이대고 일을 추진하니 목숨을 유지하기 위하여 최소한의 노력으로 일을 하고 창의력이란 절대 없는 조직이 된 것이다. 정규직 팀장이 자리는 비우면 비정규직은 전원 일에서 손을 놓고 잡담이나 쉬고 있다가 정규직 팀장이 자리에 있으면 일하는 척한다.

변질한 사회주의 철학은 자기주장을 할 수 없다. 창의적 개선을 추진하려고 하면 전원이 반대한다. 절대 작은 것에서도 튀는 행동을 하면 해고의 대상이 되는 것이다. 즉, 시키는 것 이외에는 절대 하지 않는다. 알아서 찾아서 일하는 것은 목숨[해고]을 걸고 싸우는 것과 같다. 사례로 15년 된 낡은 컴퓨터를 대학생들에게 사용하라고 비치하였기에 교체해달라고 보고하면 대답이 없다. 안 한다는 것이다. 요즘 젊은 세대가 15년이 넘은 컴퓨터를 사용할까? 20년 전에 산 잡지[월간조선]를 교체하자고 보고하면 대답이 없다. 새로운 변화를 추진한다는 것은 목숨[해고]과 바꾸고 하라는 암묵적 지시이다.

변질한 사회주의 3인 감시 체제가 만들어 낸 체계는 이익이 되는 일에는 뭉쳤다가 자신에게 이익이 돌아오지 않으면 적이 되는 조직 체계를 만들어 가고 있었다. 실장이 맘에 안 든다고 비정규직 3인 조직이 쿠데타[상사의 갑질을 이유]로 상사를 타 부서로 몰아내고 새로 전임 온 상사에게는 성과급과 임금 인상을 요구하였다. 상사를 몰아낸 성과로 성과급을 달라는 것인가?

경영철학이 없는 조직에서의 마르크스의 변질한 사회주의 사상의 사례이다.

13. 니체F. Nietzsche

Friedrich Wilhelm Nietzsche(1844년~1900년)의 사상에는 평범한 다수가 염두에 두어야 할 가르침이 내재하여 있다. 현실의 참혹함과 인간의 한계를 인정하면서도 각자의 삶을 주체적으로 이끌어나갈 수 있는 소박하지만, 창조적인 의지 모습을 드러내는 것이다. 니체의 정치 철학을 이해하는 것만큼 힘든 일도 드물다. 그의 저술 속에서 기존의 정치철학적 전통이 대부분 부정되기 때문만은 아니다. 생소한 서술방식, 자유로운 표현 그리고 다채로운 주제가 무수히 많은 해석을 가능하게 만들기 때문이다. 니체의 대표작으로 도덕에 객관적인 기초가 있다는 생각을 비판한 '아침놀(1880)', 신의 죽음을 선언한 '즐거운 학문(1882)', 우리가 초인이라고 번역한 '차라투스트라는 이렇게 말했다(1885)', 그리고 철학을 잘 나타내주는 '선악을 넘어서(1886)' 등이 있다. 또한, 니체의 반反민주주의적 당대를 비판한 독설이 가져온 결과는 20세기 파시즘과 나치즘을 추종하던 사람이 니체의 대담한 주장을 받아들일 수 있는 사람이 많지 않다(곽준혁, 2016).

니체는 헤라 크레이 토스의 만물이 항상 변한다는 개념에 매혹되어 있었다. 니체는 정태적 실재에 대해 고정된 범주를 적용할 수 있다는 가능성을 배제하였다. 어떤 판단이든지 끊임없이 변화하는 세계에 대한 서로 다른 시각 perspective에서 이루어져야 한다. 우리가 이

'세계 내에서' 발견하는 것은 우리가 그것에 부여한 범주일 뿐이다. 모든 것은 다른 모든 것과 결부되어 있으며, 결정된 것이란 아무것도 없다. '진리는 일종의 오류로서, 진리 없이는 어떤 종족도 삶은 영위될 수 없다'(로저 트리그, 1996).

기업 환경은 항상 변화한다. 기업 경영환경이 고정되고 정태적일 수는 없다. 경쟁자가 나타나고 경기가 변동되고 환경이 변화되면서 기업에는 위기와 위험이 따를 수도 있고 기회가 될 수도 있다. 이러한 끊임없이 변화하는 기업 환경에서 기업이 존속하려면 변화를 인식하고 고정관념을 뛰어넘어 다음 환경을 예측하여야 기업이 영속할 수 있다는 것을 니체의 철학에서 발견할 수 있다.

니체는 진실하게 니힐리즘[nihilism]을 다루었다.

니힐리즘은 라틴어의 '무[無]'를 의미하는 니힐[nihil]이 그 어원으로, 허무주의를 이르는 말로써 엄밀한 의미에서의 니힐리즘은 아무것도 존재하지 않는다는 즉, 무[無]라는 주장이다. 이러한 주장은 이미 그리스의 소피스트 고르기아스에서 찾아볼 수 있다. 또한, 아우구스티누스는 아무것도 믿지 않는 사람을 니힐리스트라고 하였다. 그러나 현대에서 니힐리즘이란 절대적인 진리나 도덕·가치 같은 것이 존재하지 않는다고 보는 입장이다. 그러한 입장에 따른 생활 태도 등을 총칭하는 것이라고 보아야 하겠다. 이러한 의미에서 회의주의나 상대주의도 일종의 니힐리즘이라고 할 수 있다. 또한, 사회의 진보란 모든 사회적 제도를 해소하는 데 있다고 주장하는 무정부주의도 니힐리즘의 한 형태라고 할 수 있다(두산백과, 2019).

니체의 니힐리즘을 경영철학으로 해석하면 무無에서 다시 시작해보자는 것으로 볼 수 있다. 현재의 모든 방법, 절차, 규정을 존재하지 않는다고 생각하고 새로이 창조하자는 철학적 배경으로 생각하고 싶다. 허무주의, 무정부주의보다는 기존 고정관념에 사로잡혀 현실을 헤쳐나가지 못하는 기업에 기존의 것이 존재하지 않고 모두를 버리고 다시 시작하자는 것으로 해석하고 싶다.

삼성의 이건희 회장이 자식과 마누라 빼고는 다 바꿔보자고 하였듯이 무無에서 새로운 것을 창출하는 경영철학으로 접목하고자 한다.

14. 프로이트S. Freud

Sigmund Freud(1856년~1939년)는 1896년, 아버지의 사망을 계기로 스스로에 대한 정신분석을 시도하여 연구 영역을 더욱 넓혀 나갔다. 이후에 간행된 '꿈의 해석(1899)', '일상생활의 정신병리학(1901)', '성욕에 관한 세 편의 에세이(1905)' 등의 저서는 정신질환자가 아닌 일반인의 심리 분석을 통해 인간 무의식의 근본 구조를 규명하려는 시도였다(현공숙, 1999).

프로이트의 가장 중요한 철학은 '무의식'의 발견이다.

프로이트는 이러한 공상적 이야기를 사실로 다루는 경향을 보이지만, 더 중요한 것은 선사시대와 개인의 심리와의 관계에 관한 문제이다. 수천 년 전의 사건이 우리에게 영향을 미치는 것으로 생각할 수 있는 유일한 방법은 라마르크가 주장했던 것처럼 획득형질이 유전될 수 있다는 이론을 통해서이다. 기린은 먹이를 얻기 위해 목을 길게 늘임으로써 긴 목이 되었고, 이러한 변화를 후손에게 유전시킨 것으로 보인다고 하였다(로저 트리그, 1996).

프로이트가 공상적인 이야기를 사실로 다룬 것처럼 경영 현장에서 공상적 이상의 세계를 상상하여 볼 수 있다. 다양한 현실 문명 중에 과거에 상상의 세계나 만화의 소재로 이용된 것이 지금 현실화한 것이 있다. 이는 이상의 세계나 꿈을 품어 보라고 경영철학 측면에서 해석하고 싶다.

프로이트의 가장 두드러지고 논쟁적인 측면은 인간 행위의 동기로서 성에 대한 강조이다. 이것은 정신 분석학의 특질이 되었기에 프로이트는 자기에게 붙여진 '범 성욕 주의pan-sexualism'의 혐의를 벗어나고자 했다. 성적 동기가 인간 생명 속의 매우 역동적인 힘이며, 성적 요인이 노이로제 질환의 주요 요인이라고 믿었다. 또한, 성인의 감정이 유아기의 감정의 변형임을 입증하려는 프로이트의 전형적인 방법은 죽음의 공포를 다루는 방식이다. 그는 거세에 대한 공포심의 진전된 형태로서 마치 양심에 대한 공포와 같은 죽음의 공포에 대하여 언급하였다(로저 트리그, 1996).

인간 행위의 동기가 성이라고 주장한 프로이트의 철학을 경영철학으로 해석하자면 역동적인 성에 대한 힘을 조절 할 수 있는 능력을 갖추어야 한다고 볼 수 있다. 우리나라 어느 가수는 자신의 성행위를 사회관계망SNS에 공개하고 즐기다 제2의 인생교도소 생활을 걸어가는 연예인도 있다. 또한, 최근 양성평등이나 성폭력 등 사회적 생각의 변화에 따라 직장 내에서의 성폭력 예방 교육도 다양하게 이루어지고 있다. 이는 인간의 역동적인 성에 대한 힘을 조절 할 수 있는 능력을 키워나가는 경영 현장의 변화이다. 경영자 역시 역동적인 성의 힘을 관리 할 수 있어야 한다.

Part 2
동양철학의 산책

1. 공자孔子
2. 맹자孟子
3. 장자莊子
4. 순자荀子
5. 노자老子

1. 공자孔子

공자(B.C. 551년~B.C. 479년)는 인仁을 떠올리지만 공자의 철학에서 인에 못지않게, 아니 그보다 더 중요한 것이 예禮이다. 논어의 첫 부분에 나오는 '배우고 때로 익히면 즐겁지 아니한가학이시습지:學而時習之, 불역열호:不亦說乎?'에서 말하는 배움은 무엇을 배운다는 것인가? 여기서 배움은 예禮로서 공자가 말하는 예禮는 주나라의 전통적인 제도, 문화, 문물, 사상, 예법을 총체적으로 가리킨다(표정훈, 2013).

공자는 일생을 바쳐 학문을 좋아하고 목숨을 걸고 실천을 중시하였다. 망하려는 나라에는 들어가지 않고 어지러운 나라에는 살지 않는다. 천하가 잘 다스려질 때는 나아가고 어지러운 세상에서는 무시당한다. 정의가 행해지는 나라에 살면서 가난한 것은 부끄러운 일이다. 그러나 불의가 통하는 나라에서 부자라든지 지위가 높다든지 하는 것은 더욱더 부끄러운 일이다. '논어, 태백泰伯편 중에서'(표정훈, 2013).

공자는 출신 성분, 사회적 지위를 상관하지 않고 제자들을 받아들였다. 이는 유교무류有敎無類, 즉 '가르침에는 차별이 없다.' '배우고자 하는 이에게는 누구에게나 배움의 문을 열어주어야 한다.'는 생각이다. 오늘날에는 당연해 보이는 이 생각은 그러나 공자 당시에는 매우 혁신적이었다(표정훈, 2013).

공자의 철학을 기업의 철학으로 재해석하면 망하려는 기업에는 들어가려 하지 않고 어지러운 기업에서는 종업원이 같이 일하고자 하지 않는다는 철학이다. 또한, 정의가 있는 기업에서 낮은 급여로 직장생활을 하는 것은 부끄러운 일일 수도 있으나 부정을 저지르면서 이익을 추구하는 기업에 몸담고 많은 보수를 받고 지위가 높아지는 것은 더욱더 부끄러운 일이라고 공자의 철학을 적용하고자 한다.

공자가 출신, 지위 등을 고려하지 않고 제자를 받아들였듯이 기업에서도 학연, 지연, 혈연을 벗어나야지만 기업이 성장 할 수 있다는 것을 깨닫게 한다. 그러나 우리 기업의 현실은 학연으로 맺어지고 혈연으로 동여 매여 있어 좋은 대학을 나오고, 경영진과 동향이면 승승장구하는 기업문화가 남아 있다. 이는 공자의 철학처럼 우리 기업이 빨리 벗어나야 할 기업문화이다.

또한, 기업은 우리 회사에서 일하고자 하는 모든 사람에게 학교, 혈연, 지연을 벗어나 누구에게나 문을 열어주어야 한다는 공자의 철학을 받아들여야 한다. 출신 지역이 경영진과 다르다고, 지방대학을 나왔다고 차별하는 기업은 공자의 사상을 다시금 새겨보아야 할 것이다. 이는 누구나 공평한 기회로 대우를 받아야 한다는 경영철학이다.

논어 중에서 '덕德이 있는 자는 반드시 훌륭한 말을 한다. 그러나 입으로 훌륭한 말을 하는 자는 반드시 훌륭한 자가 아니다.' 논어에 나오는 구절로 경영 현장에서 보면 간혹 입으로 자기의 능력을 과시하고 자신의 권력을 자랑하고 행동으로 일하지 않고 말로만 일하는 직원이 있다. 이는 훌륭한 직원이 아니라는 것을 명심하여야 할 것이다.

또한, 논어에서 '굽은 판자 위에 평평한 판자를 올려두면 굽은 판자도 평평하여진다.'는 구절이 있다. 이를 기업 철학으로 해석하면 올바르고 곧은 상사 아래 올바르고 정직한 직원이 있다는 것이다. 상사가 부정을 저지르면 부하 직원도 부정하게 됨을 논어에서 배울 수 있다.

'겨울이 되어 날씨가 추워져야 소나무와 전나무가 얼마나 푸른가를 알 수 있다' 이 구절은 기업에서 훌륭한 인재가 떠나가야 그 사람의 진가를 알 수 있다. 성공한 기업은 훌륭한 몇 사람의 직원에 의하여 성공을 창조한다. 그러나 훌륭한 직원을 모략하는 기업문화가 남아 있는 기업은 훌륭한 인재가 떠나야 그 사람의 빈자리가 얼마나 중요하였는지를 알 수 있다. 따라서 경영자는 인재를 발굴하는 일이 가장 큰 일 중 하나이다.

'학이시습지學而時習之, 불역여호아不亦說乎' 배우고 때로 그것을 익히면, 또한, 기쁘지 아니한가?

경영자는 항상 배우고 배운 철학을 익혀 경영 현장에 적용하여야 한다고 논어의 구절을 해석하고자 한다. 이는 경영자뿐만 아니라 누구도 자기 분야에 최고가 되기 위해서는 배우고 익혀야 한다는 공자의 철학을 해석하고 싶다. 즉, 인간은 지속해서 학습하지 않으면 기업에서 또는 사회에서 퇴화한다는 것을 경영철학에 담고자 한다.

'불환인지불기지不患人之不己知, 환기불능야患其不能也'는 남이 자기를 알아주지 않음을 걱정하지 말고 자기가 남을 알아주지 못함을 걱정하여라.로서 사회생활 속에서 우리는 남이 나를 알아주기를 원하고 있다. 상사의 눈에 잘 보이기 위하여 아부로 직장생활을 하기도 한다. 오직 상사의 눈에 잘 들어오게 하려고 본연의 직무를 버려두고 상사의 눈치만 보고 일하는 직장인이라면 이 구절을 새겨보아야 하겠다. 이런 부류의 직장인은 남을 알아주지 않고 동료를 시기하고 약점을 파헤치고 흠집을 내려고 할 것이다. 경영자도 남이 나를 알아주길 바라며 기업의 내실은 무시하고 적자가 나도 기업의 외형에만 집착하는 경영자도 있다. 남에게 보여주려고 세를 과시하는 경영자이다.

'불환무위不患無位, 환소이립患所以立'은 지위 혹은 벼슬이 없음을 걱정하지 말고 그 자리에 설 능력을 갖추었는지를 걱정하라. 논어의 철학처럼 우리는 직장에서 자리에 목숨을 걸기도 한다. 직장에서 급여를 동결하고 직위를 올려 줄까? 직위는 동결하고 급여를 올려 줄까? 라고 물어보면 대다수가 전자를 선택한다고 한다. 우리 기업의 문화이다. 명예를 중시하고 직위를 중시하는 문화이다. 이런 문화가 능력을 갖추지 못하고 높은 지위에 오르려고 행동을 한다. 이는 능력을 갖추지 못하고 높은 지위를 얻으려면 학연, 지연 등을 동원하여 그 자리에 오르려고 하니 부정과 비리가 발생하는 것이다.

2. 맹자孟子

맹자(BC 372년 추정~BC 289년 추정)의 대표적 철학은 '성선설性善說'로 맹자는 공자가 죽고 나서 100년 정도 뒤에 태어났다. 공자나 맹자나 정확하게 언제 태어나서 언제 죽었는지 확인할 방법은 없다. 가능한 방법은 논어나 맹자에 실려 있는 그들의 행적을 추적해서, 즉 그들이 만났던 사람들이나, 목격했거나 관련되었던 사건들을 참고해서 연대를 추정하는 것이다(서울대학교 철학사상연구소, 2019).

사람의 천성은 선할까? 악할까? 이에 대해 두 가지 설이 있다. 하나는 맹자가 주장한 성선설이고, 다른 하나는 순자가 주장한 성악설性惡說이다. 맹자는 인간의 본성이 착하다고 주장하였다. 인간의 천성은 물이 항상 아래로 흐르듯이 오직 선善한 것 만을 따른다. 인간이 이 세상에 태어나 올바른 길을 가기 위해서는 자기 마음속에 들어 있는 것을 이끌어내기만 하면 되며, 현명한 자의 모범적인 삶을 따로 배울 필요가 없다(강성률, 2009).

맹자는 인간의 인성은 남을 사랑하는 작용으로 나타나는데, 만물을 낳고자 하는 천명이나 남을 사랑하는 인성人性은 모두 인간의 의식이나 감정의 밑바닥에서 흐르는 인간 행위의 원동력이다. 맹자에 의하면 인성으로서 예禮는 인의예지仁義禮智로 설명하였다. 인仁은 측은

지심惻隱之心, 의義는 수오지심羞惡之心, 예禮는 사양지심辭讓之心, 지知는 시비지심是非之心이 나타나는 바탕이 된다(한국민족문화대백과, 2019).

인간은 태어나면서부터 선하다성선설. 그러나 기업을 경영하면서 이익에 눈멀어서 악해지는 경향이 있다. 분식회계를 하여 적자 회사를 흑자 회사로 만들어 주주들과 소비자를 속이고 부정한 방법으로 이윤을 얻어 부를 축적하려는 경영자가 있다. 대게 이들은 교도소로 가서 감옥 생활을 하거나 자살하는 사람도 있다. 우리나라 경영진의 일부를 보면 공통된 이력이 있다. 교도소 수감이다. 이는 맹자의 철학에서 보듯 사람은 누구나 태어나면서 선善하였으나 자신의 이익을 위하여 악惡을 행하게 된다는 것을 알 수 있다.

맹자 편에서 유명한 구절이 '맹모삼천지교孟母三遷之敎'이다.

맹자가 어머니와 처음 살았던 곳은 공동묘지 근처였다. 놀 만한 벗이 없던 맹자는 늘 보던 것을 따라 곡哭을 하는 등 장사지내는 놀이를 하며 놀았다. 이 광경을 목격한 맹자의 어머니는 안 되겠다 싶어서 시장 근처로 이사를 하였더니 맹자가 시장에서 물건을 사고파는 장사꾼의 흉내를 내면서 노는 것이었다. 맹자의 어머니는 이곳도 아이와 함께 살 곳이 아니구나 하여 이번에는 글방 근처로 이사를 하였다. 그랬더니 맹자가 제사 때 쓰는 기구를 늘어놓고 절하는 법이며 나아가고 물러나는 법 등 예법에 관한 놀이를 하는 것이었다. 맹자 어머니는 이곳이야말로 아들과 함께 살 만한 곳이구나 하고 마침내 그곳에 머물러 살았다고 한다. 이러한 어머니의 노력으로 맹자는 유가儒家의 뛰어난 학자가 되어 아성亞聖이라고 불리게 되었으며, 맹자 어머니는 고금에 현모양처賢母良妻의 으뜸으로 꼽히게 되었다(두산백과, 2019).

맹모삼천지교를 현대 철학으로 다시 해석하면 맹자의 어머니는 자식을 최고의 철학자로 육성하기 위하여 공동묘지로 이사하여 학문을 배우기 전에 인간의 삶과 죽음에 대하여 깨닫도록 하였으며, 시장으로 이사한 것은 치열한 시장경쟁을 이해하고 배우도록 하기 위함이다. 맹자 어머니는 맹자가 학문에 전념하기 전에 삶의 가치를 깨닫게 하고 이후에 서당 근처로 이사하여 학문에 정진 할 수 있도록 맹자의 기본 바탕인 삶의 철학을 가르쳐 주었다고 해석하고자 한다.

기업도 경영자가 기업의 환경을 어떻게 만드느냐에 따라 맹자처럼 종업원이 행동한다. 기업문화를 권위적으로 하면 종업원은 상사의 눈치만 보고 자신의 의사를 표현하지 않을 것이며, 강압적 기업문화를 만들면 상사가 있으면 일하는 척하고 상사가 없으면 놀아버리는 기업이 된다. 따라서 일하기 좋은 환경과 문화를 만드는 것은 경영자의 중요한 경영철학이다.

'인자무적仁者無敵'은 맹자에 나오는 말로 모든 사람에게 어질게 대하는 사람에게는 적敵이 없다는 뜻이다. 그러나 경영 현장에서는 경영자와 뜻이 맞지 않는다고 그 사람을 경영에서 배제하거나 경계하거나 의심하고 단점을 찾아내어 약점을 까발리려는 일이 있다. 경영자가 인자하면 종업원도 인자하게 되고 경영자가 포악하고 무례하면 종업원도 포악하게 된다.

3. 장자莊子

장자(BC 369년~BC 289년경)는 중국의 사상가로 노자와 함께 도가道家를 형성하였다.

장자 사상의 중심은 당시 지배자의 지위에서 몰락하고 있던 사상가들이 뜻대로 되지 않는 사회 속에서 개인의 삶에 얽힌 근심과 고난으로부터 관념론적으로 도피하려고 한 인생론에 있다. 이상적인 삶이라는 것은 근심의 근원인 자기의 육체 · 정신을 버리고 허정虛靜, 염담恬淡의 심경에 도달하여 자연의 법칙에 따르고 어떠한 것에도 침해받지 않는 자유와 독립을 얻어 세계의 밖에서 초연하게 노니는 것이다. 이것을 실현한 사람이 진인眞人이다. 이 인생론의 근저에는 세계는 불가지의 실재인 도道의 표상이라는 세계관과 개념적 인식과 가치판단은 불가능할 뿐 아니라 무의미한 것이고 철저한 무지無知만이 올바른 것이라고 하는 지식론이 깔려 있다(철학사전편찬위원회, 2012).

장자의 대표적 명언 중 우리가 잘 알고 있는 '뱁새가 황새의 뜻을 어찌 알랴' 글이 있다.

이 말은 자기 분수에 맞지 않게 남을 따라서 힘겨운 짓을 하면 도리어 해를 입는다는 뜻이다. 다리가 짧아 종종 걷는 뱁새가 긴 다리로 성큼성큼 걷는 황새를 따라갈 수 없다는 것으로 능력이 뛰어난 사람을 무조건 따라가기보다는 자신의 능력에 맞게 일하란 뜻이다.

기업의 능력이 부족하고 경영자의 철학이 부족한데 경쟁자들이 앞서간다고 무작정 따라 하다가는 가랑이가 찢어질 수 있다. 기초 능력을 탄탄하게 배양하고 능력이 닿는 범위 내에서 일을 추진하여야 한다는 장자의 철학을 볼 수 있다.

또한, 장자는 모든 차별이나 변화는 결국 인간의 유한한 지식으로부터 유래한다고 한다. 그러므로 우리는 스스로 지식의 한계를 깨닫고 쓸데없는 시비是非를 버려야 한다. 이러한 사상은 유명한 '나비와 장주莊周[2]'의 예화를 통해 극적으로 표현되어 있다(강성률, 2013).

경영환경의 무한한 변화를 극복하려면 다양한 분야의 지식을 쌓아야 한다는 장자의 철학을 발견할 수 있다. 자신의 지식 한계를 판단하고 다양한 지식을 쌓기를 권장하는 장자의 철학을 볼 수 있다.

---

2) 어느 날 장주가 나비가 된 꿈을 꾸었다. 나비가 되어 날아다니는 나비가 되어 유유자적 재미있게 지내면서도 자신이 장주임을 알지 못했다. 문득 깨어 보니 다시 장주가 되었다. '무위자연' '일체제동'의 장자의 생각이 잘 나타나고 있는 것으로서 유명하다. '무위자연'을 장자의 말로 하면 '소요유'가 되어, 그것은 목적의식에 묶이지 않는 자유로운 경지이며, 그 경지에 이르면 자연과 융화해 자유로운 삶의 방법이 생긴다고 장자는 말한다(위키백과, 2019).

4. 순자荀子

순자(BC 298년~BC 238년)는 중국의 사상가로 유물론적 경향의 유가儒家론 자로 성악설性惡說을 철학으로 하였다.

순자는 사회에 대해 건강한 관심을 두도록 하고 복잡다단한 인간관계를 도덕적으로 해결하여 더욱 나은 삶을 누릴 수 있도록 원만한 사람을 키워 내는 것이 유가 사상의 큰 목적이라고 하였다. 그래서 유가 사상은 정치철학이자 사회철학이며, 교육철학이자 인생철학이기도 하다. 순자의 철학은 다음과 같다(권중달, 2006).

'듣지 않음은 듣느니만 못하다. 듣는 것은 보느니만 못하다. 보는 것은 아느니만 못하다. 아는 것은 행하느니만 못하다. 학문은 그것을 행하게 되었을 때 그친다.'

경영자가 종업원의 충언을 듣지 않으면 기업은 한쪽으로 치우치게 된다. 이런 충언은 경영자에게 좋은 말로 들리지 않는다. 즉, 듣기 좋은 말은 간사한 아부의 말이다. 이는 듣기 좋고 충성을 맹세하는 듯하나 이들의 말을 따르면 기업은 파경에 이르게 된다. 또한, 종업원도 경영자에게 충언하기 싫어한다. 경영자가 듣기 싫어하는 말을 해서 찍히기 싫다는 의도이다.

경영자는 현장을 보아야 한다. 업무를 시작하기 전에 현장을 먼저 보고 점검하여야 한다. 눈으로 보고 이를 경영학문의 이론을 접목하여 꼭 실천하여야 한다는 경영철학이다.

순자는 천생인성天生人成, 성악性惡, 정명正名을 주장하였다.

순자는 사람의 사회성을 중시하였으며, 국가 권력을 개인의 자유보다 우선시하였다. 그는 사회 질서의 안정을 위한 예禮의 두 가지 기능을 중심으로 사유하였다. 하나는 신분 등급·도덕적 성취 등 각종 질서를 분명하게 구분시켜 주는 인위적 기능, 즉 명분明分이며, 다른 하나는 인류가 원만하고 만족스러운 집단생활을 할 수 있도록 해주는 기능, 즉 사군使群 기능이다. 순자 사유의 바탕은 이 두 문제를 중심으로 엮어져 있다. 순자의 우주관과 인생관은 한마디로 자연 세계가 인문 세계에 의해 주지된다는 천생인성天生人成이다(권중달, 2006).

순자의 철학에서 발견할 수 있는 것으로 기업의 질서는 예禮에서 시작된다고 볼 수 있다. 직급이 낮다고 멸시하는 조직문화가 있다면 고쳐야 하고 천박한 일(3D : 더럽고, 힘들고, 위험 한일)을 한다고 멸시당하고 무시당한다면 누가 그 일을 할 것인가? 어떤 직종에 있더라도 서로가 예禮를 지키는 것은 기업의 기본 철학이다.

특히 사회적 약자에 대한 배려와 예의는 인간존중의 기초 질서이다.

천지의 기운으로 세상 만물이 생겨났으니 이들을 조화롭게 꾸미고 성취한 것은 사람, 즉 성인의 일이다. 하늘의 도道와 인간 행위의 조화로 이 세계가 이루어졌으며, 예의라는 인간의 힘이 개입되었을 때 하늘은 제 역할을 다 할 수 있다는 사고다. 순자는 하늘과 인간을 완전히 나누어 생각하면서 하늘을 그저 불변하는 자연체로만 파악한다. 인간 세상의 치란治亂은 하늘 때문이 아니라 인위에서 비롯되는 것이므로 사람 스스로가 모든 책임을 져야 한다는 것이다. 그 초점은 인위, 즉 예禮를 강조하는 데 있었다(권중달, 2006).

조직문화는 조화롭게 운영되어야 한다는 순자 철학의 재해석으로 볼 수 있다. 조화롭게 조직을 이끌어가는 것은 경영자사람의 일로서 인간 세계가 이루어야 할 목표이다.

조화로운 조직의 기본은 예의로 시작되며, 직원 스스로가 책임을 져야 한다고 본다. 이는 권한과 책임을 동시에 줘야 하며, 권한은 없고 책임만 물어오면 업무를 회피하고 일을 추진 않으려고 한다.

순자는 사람의 본성을 악惡하다고 생각했다. 인간이 본질적 · 이성적으로 악惡하다는 의미가 아니라 타고난 본능 혹은 동물적 욕망의 결과가 악惡하다는 것이다. 다시 말해 탄생 후 사회적 존재가 되면서 인간의 악惡한 성질이 발현된다는 의미다. 그 발현 양태는 경쟁과 다툼이며 결과는 사회적 혼란이다. 순자가 성악설을 제기한 목적은 인위적인 교육과 감화를 통해 인간의 악惡한 성질을 바꾸어 선한 행위를 하도록 이끌려는 것, 즉 화성기위化性起僞였다. 따라서 순자의 성악설 요지는 인위적 예의를 강조하는 데 있다. 순자의 인식론은 소극적인 적폐의 해소, 즉 해폐解蔽와 적극적으로 명분을 바로 세워 공공 인식에 도달한다는 정명正名으로 대표된다. 인간에게 본질적으로 내재하는 맑고 깨끗한 마음이 가려져 있을 때 한쪽으로 치우치는 폐단이 생겨나므로 인위의 결정인 예禮를 통해 쌓여가는 폐단을 해소하는 것이 올바른 인식에 도달하는 길이라고 주장한다. 명분을 바르게 세움으로써 공공 인식에 도달할 수 있으며, 인위의 결정체인 예의로 사회 혼란을 야기하는 인식의 헷갈림을 바로잡아 주어야 한다는 것이다(권중달, 2006).

순자의 성악설性惡說에서 우리는 직장에서 혹은 경영 현장에서 너무 많은 욕망이 우리를 악惡하게 만들고 있다는 것을 발견할 수 있다. 욕심이 크면 실패가 크다는 말처럼 욕심을 앞세우면 화손해를 부르게 된다. 이는 경쟁 사회 속에서 나타나는 악惡의 현상으로 정당하고 공정한 경쟁을 벗어나 나만의 욕심으로 경쟁하려고 하다면 경쟁사의 기술을 훔쳐 온다던가, 동료의 비리를 캐낸다든가 등 악의적 행동이 나타난다는 것이다.

순자는 예의禮義라는 도덕의 틀을 통해 모든 사회 문제를 극복하려 하였다. 사람 사이의 원만한 관계를 의미하는 예禮로 모든 문제를 해결하려 함으로써 순자는 예禮에 사회적 생명을 불어넣었다. 이 예禮는 동아시아 사회 전반에 걸쳐 삶과 사회의 핵심이 되었다.

5. 노자老子

노자(출생 미상 ~ 사망 미상)는 초나라 사상가로 도가道家의 시조이다. 노자의 철학은 인의仁義로 도덕이나 지혜에 의하여 인위적으로 백성을 지배하려고 하는 유가맹자 사상에 대해, 지배 의욕을 버리고 무위자연無爲自然에 의하여 지배하려고 하는 정치사상과 동일하게 무위무욕無爲無欲으로 남에게 겸양으로 성공하라는 철학이다.

공자가 뤄양을 방문했을 때 노자는 공자와 이야기를 나누던 대목에서 노자는 공자에게 '사기'에 인용된 것처럼 노자의 철학의 다음과 같이 나타내었다.

그대공자가 말하는 예禮란 이런 것이오? 그 사람과 뼈는 이미 다 썩었는데 오직 그 말만 남아 있을 뿐인 것, 군자는 때를 만나면 벼슬을 하지만, 때를 만나지 못하면 바람에 날리는 쑥대처럼 굴러다닌다고 합디다. 장사를 잘하는 상인은 물건을 깊숙이 간직하길 마치 그 물건이 없는 것처럼 하고, 군자는 덕德이 넘치나 그 용모는 마치 어리석은 것처럼 보인다고 들었소이다. 그대의 교만한 기상과 넘치는 욕심, 얼굴과 모양새를 꾸미는 일, 갈피를 못 잡는 어지러운 뜻일랑 버리시오. 이런 것들은 그대에게 보탬이 되지 않습니다. 내가 드릴 수 있는 것은 이것뿐이외다(워니네트워크, 2002).

유능한 경영자는 덕德이 넘치나 그 용모는 어리석은 것처럼 보인다는 것을 보면 애플의 스티브 잡스가 생각난다. 청바지 차림으로 대중 앞에 나타나 기업을 관리고 제품을 알리면서 그의 순수함을 보여주는 장면이 나온다. 정주영 회장은 구두를 수선하여 신고 작업복이 작아서 세탁소에서 늘려서 입기도 하였다.

우리나라 기업가들은 좋은 차, 좋은 집에서 호화생활을 하면서 자기 능력을 과시하는 경향이 일부 있다. 필리핀 여종업원을 집사로 채용하여 혹독한 구박을 주며 일을 시키는 모 항공사 사모님의 사건이 언론에 공개된 사례가 있다. 이는 교만한 기상이 넘치고 욕심이 넘쳐 기업에 전혀 보탬이 되지 않는 일이다, 군자처럼 겉으로 드러나지 않게 자기 능력을 발휘하는 경영자가 유능한 경영자임을 알 수 있다.

Part 3
종교철학의 산책

1. 종교철학과 기독교 철학
2. 유교철학
3. 불교철학
4. 천주교 철학

1. 종교철학과 기독교 철학

과학과 기술 산업이 눈부시게 발전하여 우주의 신비와 인류의 생존을 한없이 벗겨낸 오늘에 와서도 종교 문제는 인간의 심장부에 더더욱 강력한 힘을 발휘하여 그의 삶을 살찌우고 있다. 물론 종교가 모든 사람에게 환영을 받는 것만은 아니다. 때로는 거부감을 일으키고 날카로운 비판의 대상이 되기도 한다. 그러나 종교인이든 종교인이 아니든 쉽게 지나쳐 버릴 수 없는 특별한 주제가 살아 숨 쉬고 있다. 종교철학은 종교 신학의 철학 차원에 머물러 있어야 한다. 이유는 철학이 신의 존재를 증명하거나 신의 속성을 알기 위한 것이 아니라 인간의 종교심에 대한 역사적 사실로부터 출발하여 그 사실을 해석해내고자 하기 때문이다(김현태, 1996).

우리는 과학문명 속에서 살아가고 있다. 기업은 상상의 세계를 제품으로 만들어 내고 있으며 이러한 신제품은 기업을 살찌우고 종업원에게 더 많은 혜택을 주기도 한다. 그러나 종업원은 많은 보수를 준다고 모든 것에 만족하지 않을 것이다. 때로는 적은 보수에도 자신이 원하는 철학으로 일할 수 있는 기업, 직종을 선택하는 사람도 있다.

만약 기업의 철학을 종교적 철학으로 승화한다면 종업원 만족은 증가할까? 감소할까?

경영철학에서 추구해볼 과제이기도 하다. 그러나 필자는 전자일 것으로 생각한다. 기업도 종교적 철학을 가지고 경영한다면 더 많은 혜택을 볼 수 있다고 생각한다. 여기서 종교적 철학은 경영자의 신격화를 의미하는 것이 절대 아니다.

텅 빈 자아란 무엇인가?

텅 빈 자아란 수동적인 사람 또는 감각에만 반응하는 사람, 분주하고 바쁜 사람, 내면의 삶을 발전시킬 능력이 없는 사람을 가리킨다. 그러한 사람은 지나치게 이기적이고, 어린아이 같고, 심지어 자아도취적이다(J.P. 모어랜드 & W.L. 크레이그, 2013).

텅 빈 자아처럼 수동적인 직장인, 지시하는 것 외에는 하지 않는 사람, 내면의 능력을 발휘하지 못하는 사람은 직장에서 분주하기만 하고 이기적인 인간으로 전락한다.

또한, 일시적으로 기회를 포착하여 성공한 기업인은 자아도취에 빠지기 쉽다. 이런 부류의 경영자들이 흔히 말하는 것이 예전에는 잘나갔는데… 그때 그 시절을 못 잊고 있다.

한때의 자만이 영원히 자신을 이기적이고 자아도취적인 경영인으로 만드는 것이다. 이런 경영자의 결과는 성공에서 실패로 급히 추락하는 경영 방식이다.

곧 세속적 참담한 무게가 경영자의 사고에 파고들어 종교적 철학을 파괴하려고 한다. 우리는 현대적 사고방식을 철학적 성찰로 채워야 이상적 경영자가 될 수 있다. 이는 철학적 반성이 기업에서 다시 일어나야 한다는 의미이기도 하다.

나는 어디에 있는가?

나는 무엇인가?

어떤 원인에서 나는 내 존재를 얻으며, 또한, 어떤 상태로 나는 되돌아갈 것인가?

나는 누구의 호의를 얻으려 할 것이며, 누구의 분노를 두려워해야 하는가?

어떤 존재들이 나를 둘러싸는가?

또한, 나는 누구에게 영향을 주는가? 아니 누가 나에게 영향을 주는가?

나는 이 모든 문제로 당혹스러우며, 생각하기 시작한다(데이비 흄, 인간본성론 인용).

여기서 나를 기업으로 혹은 경영자로 바꾸어 생각해보자.

우리 회사는 어디에 있는가? 다시 한번 되돌아볼 기회를 찾아보자는 의도이기도 하다.

지금 경영자는 누구의 호의를 얻을 것인가를 생각하고 무엇이 두려운지를 발견해 보자는 철학이다. 또한, 내가 추구하는 경영철학은 누구에게 어떤 영향을 미치는지를 파악해야 하고 기업을 둘러싸고 있는 존재환경를 분석해야 한다.

오늘날 우주론을 지배하는 패러다임paradigm은 표준 빅뱅 모델the standard big bang model이다. 이 모델은 시공space-time의 우주는 약 150억 년 전에 무無로부터ex nihilo 시작되었다고 주장한다. 이러한 무無로부터의 기원은 많은 사람이 초월적 원인을 찾고자 갈망하는 것을 보여준다(J.P. 모어랜드 & W.L. 크레이그, 2013).

표준 빅뱅 모델을 해석하면서 유능한 경영자는 초월적 원인을 찾고 갈망한다. 정주영 회장은 황무지 바닷가 펄에 영국은행에서 자금을 빌려 조선소를 세우고 서산 간척지 물막이 공사 최종 공구에서 조수간만의 차이로 누구도 막지 못하던 마지막 공사를 유조선으로 가로막아 정주영 공법을 창조하였다. 정주영 회장의 초능력적 경영은 무無로부터 초월적 경영의 초점을 찾았기 때문이다.

사랑에는 두려움이 없습니다. 완전한 사랑은 두려움을 내쫓습니다. 두려움은 징벌과 관련이 있습니다. 두려워하는 사람은 아직 사랑을 완성하지 못한 사람입니다(요한 1서 4장 18절).

직장인이라면 회사에 대한 사랑이 가득하면 업무에 대한 두려움이 없게 된다. 사랑으로 가득한 회사라면 두려움도 없게 된다. 만약 회사가 두렵다면 회사에 대한 사랑이 부족하기 때문일 것이다.

2. 유교철학

우리나라는 유교 문화에 영향을 받아 수직적 인간관계를 형성하는 경향이 있다. 최근 이런 수직적 문화가 갑질로 해석되고 있다. 특히 우리나라 언어는 존댓말과 반말이 구분되고 상하 관계가 명료하게 구분된다. 이러한 수직적 관계가 기업 조직에서는 연공서열방식의 군대식 조직이 형성되어 상명하복上命下服의 기업문화가 꽉 차 있다.

상사의 말에 '아니요'라고 대답하면 상사의 말을 거역하는 것으로 받아들이고 있다. 이는 왕권 시절 신하가 왕의 말을 거역할 수 없었던 시절로 되돌아가고 있다. 시대는 변하였는데 아직도 과거에서 헤쳐 나오지 못하고 있기 때문이다.

이런 문화를 유교 문화의 영향이라고 하기 쉬우나 해석의 차이가 있다. 유교 문화의 대표적인 것이 '삼강오륜三綱五倫'이다.

삼강三綱은 '군위신강君爲臣綱', '부위자강父爲子綱', '부위부강夫爲婦綱'을 말하며 이것은 글자 그대로 임금과 신하, 어버이와 자식, 남편과 아내 사이에 마땅히 지켜야 할 도리이다. 오륜五倫은 '부자유친父子有親', '군신유의君臣有義', '부부유별夫婦有別', '장유유서長幼有序', '붕우유신朋友有信'의 5가지로, 아버지와 아들 사이의 도道는 친애親愛에 있으며, 임금과 신하의 도리는 의리에 있고, 부부 사이에는 서로 침범치 못할 인륜人倫의 구별이 있으며, 어른과 어린이 사이에는 차례와 질서가 있어야 하며, 벗의 도리는 믿음에 있음을 뜻한다.

삼강오륜은 원래 중국 전한前漢 때의 거유巨儒 동중서董仲舒가 공맹孔孟의 교리에 따라 삼강오상설三綱五常說을 논한 데서 유래되어 중국뿐만 아니라 한국에서도 과거 오랫동안 사회의 기본적 윤리로 존중되어 왔으며, 지금도 일상생활에 깊이 뿌리박혀 있는 윤리 도덕이다(두산백과, 2019).

삼강오륜은 시대의 변화에 따라 해석에 차이가 있다. 삼강오륜을 잘 못 해석하면 '꼰대질', 갑질[3]이 될 수 있다는 것을 명심해야 한다.

[표 1] 삼강오륜의 해석

삼강오륜	현대적 의미	잘못된 해석
군위신강君爲臣綱	임금은 신하의 본보기가 되어야 한다.	신하는 임금을 섬겨야 한다.
부위자강父爲子綱	아버지는 자식의 본보기가 되어야 한다.	자식은 아버지를 섬겨야 한다.
부위부강夫爲婦綱	남편은 아내의 본보기가 되어야 한다.	아내는 남편을 섬겨야 한다.
부자유친父子有親	어버이와 자식 사이에 사랑이 있어야 한다.	아버지와 아들은 친근함이 이 있어야 한다.
군신유의君臣有義	임금과 신하 사이에 의로움이 있어야 한다.	임금과 신하는 의리가 있어야 한다.
부부유별夫婦有別	부부 사이에 존중해야 한다.	남편과 아내는 구분이 있어야 한다.
장유유서長幼有序	어른과 아이 사이에 질서가 있어야 한다.	윗사람과 아랫사람은 차례가 있어야 한다.
붕우유신朋友有信	벗 사이에는 믿음이 있어야 한다.	친구 사이에는 믿음이 있어야 한다.

3) 사회적으로 유리한 위치에 있는 자기 자신의 지위를 이용해 상대방이 자신의 방침에 강제로 따르게 하는 것을 말한다. 차례나 등급을 매길 때 첫째를 이르는 말인 '갑甲'과 어떤 행위를 뜻하는 접미사 '-질'을 결합해 만든 용어다(시사상식사전, 2019). 이는 직위와 권력을 이용하여 반사회적 행동을 하는 행위이다.

군위신강君爲臣綱은 경영자 또는 상사는 부하직원의 본보기가 되어야 하는데 그동안 부하직원은 상사를 섬겨야 한다는 것으로 해석하고, 부위부강夫爲婦綱은 아내는 남편을 섬겨야 한다는 잘못된 해석으로 직장에서 남녀차별이 나타나고 남자의 권위주의가 발생하였다.

군신유의君臣有義는 경영자와 종업원 사이에 의로움이 있어야 하는데 의리만을 강조하여 맹목적 충성을 유도하게 된 것이다.

장유유서長幼有序는 상하 관계에 질서를 강조하는 것으로 무조건 상사가 우선이라는 잘못된 해석으로 갑질을 하게 되는 것이다. 연공서열주의가 만들어지게 되었다.

삼강오륜의 잘못된 해석을 기업문화에 접목하여 그동안 갑질이나 꼰대질로 종업원의 원망을 받게 되었다. 최근 갑질 문제가 불거지면서 기업 내에서도 갑질이 점차 사라져 가고 있으나 갑질 대신 꼰대질이 나타나고 있다.

꼰대질은 상사나 기성세대가 자신의 과거 경험을 바탕으로 일반화하여 부하직원이나 젊은 사람에게 생각이나 행동 방식 따위를 일방적으로 강요하는 행위를 속되게 이르는 말로서 꼰대질은 권위적이고 완고할 뿐 상대에게는 해를 끼치지는 않는다.

꼰대질의 대표적인 것으로 '내가 누구인지 알아?', '뭘 안다고 그래?', '어딜 감히', '내가 한 때왕년에는', '어떻게 나한테.. 내가 누군데.', '내가 그런 걸 왜?... 내가 누군데 그런 걸 해야 돼',

이러한 꼰대질은 상사의 과거 경험을 강조하는 경향에서도 나타난다. '내가 다 해봐서 알아', 아는 것이 많음을 강조하지만, 이는 모름에 대한 자신의 무지를 모르고 있기 때문이다.

또한, 열린 자세가 없기 때문이다. 내가 하는 말이 다 맞는다고 생각하기 때문이다. 내 말이 맞는다고 생각하기 전에 내가 생각하고 있는 것이 틀렸을 것이라고 열린 마음으로 보아야 한다.

꼰대질의 대표적인 것으로 상대를 훈계하면서 '우쭐하는 맘' 그 맛을 잊지 못하기 때문이다. 상대를 잘되길 바라는 마음도 없이 훈계하고 잔소리하면 나의 지위가 상승하여 가는 느낌에서 나온다. 이런 상사는 점차 조직에서 기피 대상이 된다.

꼰대의 대표적인 행동으로 자신에게는 관대하고 부하직원에게는 훈계하려는 사람이 조직에 적응 못 하는 답답한 꼰대라는 것이다.

꼰대는 나이가 많다고 다 꼰대가 아니다. 젊은 층에서도 꼰대가 존재한다. 따라서 누구나 꼰대가 될 수 있다. 따라서 겸손에 따라서 상사와 부하 직원에게 존경을 받을지 기피 대상이 될지 결정된다. 내가 모른 것이 많다고 생각하고, 내가 틀렸다고 생각하고, 상대방에게 배울 것이 많다고 적극적으로 생각하고 행동하면 직장 내 갈등이 해소 될 것으로 본다.

3. 불교철학

불교의 본질은 '죽어가는 혼돈을 어떻게 살릴 것인가?' 하는 문제로 오늘을 살아가는 우리에게 주어진 가장 시급한 현안이다. 따라서 오늘의 모든 종교, 철학 사상은 이 문제를 풀어갈 해결의 실마리를 제시할 수 있어야 한다. 그럴 때 그 종교, 철학, 사상은 존재의 의의가 있을 것이다. 불교 또한, 마찬가지이다. 오늘의 현안을 슬기롭게 풀어갈 수 있는 길을 제시 할 때 불교의 존재 의미는 있을 수 있다(동국대학교 불교문화대학 불교교재편찬위원회, 1991).

기업의 본질도 종교철학과 마찬가지이다. 오늘의 죽어가는 혼돈 속에서 기업은 죽어가는 지구 또는 생명을 어떻게 살릴 것인가? 죽어가는 기업을 어떻게 살릴 것인가? 즉, 기업의 현안을 슬기롭게 풀어 갈 수 있는 길을 제시하여 주는 길을 불교에서 찾을 수 있는 경영철학이라고 볼 수 있다.

하늘과 땅이 나와 더불어 한 뿌리요天地與我同根.

만물이 나와 더불어 한 몸이다萬物與我同體.

나와 남, 나와 다른 생명 및 우주와 한 몸同體을 이룬 소식이다. 이

둘이 아닌 진리가 바로 불교의 사상적 기초이며, 불교는 모든 생명을 살리고 이롭게 하는 자비의 가르침이다(동국대학교 불교문화대학 불교교재편찬위원회, 1991).

불교의 기초 사상을 기업의 기초 철학으로 가지고 가야 할 것이다. 모든 생명을 살릴 수 있는 제품 개발을 목적으로 하여보자. 생명을 죽이는 제품으로 돈을 벌자는 기업의 이윤 추구 방식에 변화를 가져보자는 것이다.

예로서 DDT$^{C_{14}H_9Cl_5}$는 제2차 세계 대전 중에 개발된 살충제로 말라리아와 모기 박멸에 탁월하였다. 그러나 생체에 들어간 DDT는 지방 중에 축적되는 것이 밝혀졌다.

DDT를 목장에 살포하면 그 목초를 사료로 한 소의 살이나 젖 속에 축적되어 그 고기나 젖을 먹은 인간의 체내에 또 DDT가 축적되게 되므로, 전면적으로 사용이 금지되고 있다. 유기 염소계 농약의 일종으로 잔류성 농약으로 지정되어 있다(환경공학용어사전, 1996).

생명을 죽이는 제품으로 이윤을 얻을 수 있지만 그 제품으로 인하여 다른 생명이 죽어가는 것을 생각하지 못한 인류의 무지를 보여주고 있다.

경영철학으로 생명을 살리고 인류의 복지를 위한 경영을 생각하여 보자는 철학적 정신이 배어 있다.

불교에서 자비慈悲란 자慈는 다른 사람의 기쁨을 함께 기뻐하는 마음이며, 비悲는 상대방의 아픔을 함께 아파하고 그 아픔을 없애는 실천을 가리킨다. 따라서 진정한 자비는 내가 누구에게 무엇을 베푸는 것이 아니라 나와 남이 하나同體된 자리에서 샘솟는 삶의 몸짓이다. 따라서 불교에서 자비를 가리켜 동체자비同體慈悲라고 한다(동국대학교 불교문화대학 불교교재편찬위원회, 1991).

우리 기업은 어떠한가?

우리 사회는 어떠한가?

사촌이 땅을 사면 배가 아프다는 옛말이 있다. 다른 사람의 기쁨을 함께하는 마음을 가져야 하는데 시기하는 마음이 앞서간다.

직장에서 비슷한 일이 일어난다. 동료가 일을 잘하면 시기하고 질투하고 자비를 베풀지 못하고 있다. 경영자 역시 그러하고 기업 또한, 경쟁자가 잘되면 함께 기쁨을 하지 못하고 경쟁자를 죽이려고 한다. 동료가 아파하면 함께 아파할 수 있어야 하는데 동료의 고통이 나에게는 축복인 것처럼 즐거워하기도 한다.

불교는 앞으로만 치닫는 과학과 물질문명 그 자체에 지혜의 눈을 달아 줄 수 있어야 한다. 그래서 인간의 온전한 삶을 무시하고 파괴하는 과학과 물질이 아니라 인간을 위한 과학, 인간을 위한 물질이 되도록 해야 한다. 그것이 바로 뒤바뀐 가치관을 바로잡은 일이다(동국대학교 불교문화대학 불교교재편찬위원회, 1991).

기업이 이윤에 현혹되면 인간의 삶을 파괴하고, 자연을 파괴하는 물질을 만들어 낸다. 기업이 창조하는 과학과 물질문명은 인간을 위한 제품이어야 하는데 인류를 파괴하는 제품이 되어서는 안 된다. 가공할 만한 무기를 만들면 기업은 이윤을 얻을 수 있지만, 그 자체는 인간을 스스로 파괴하는 제품이 되는 것이다. 핵무기를 인간이 만들었지만 우리는 핵무기의 위험과 공포 속에서 살아야 한다.

'다른 사람이 무얼 하나 곁눈질하고 그들의 잘못을 살피지 말고 언제나 나의 허물을 되돌아보아 남의 구설에 오르지 마라.'(천태종 구인사 법어 중, 2019).

직장인이라면 자기 일이 또는 행동이 완벽하다고 생각하는 직장인이 있다. 나는 일을 완벽하게 하는데 동료나 상사는 아니라는 생각을 한다. 그러다 보면 동료를 감시하고 곁눈질하고 잘못을 찾아내려고 혈안이 된다. 동료의 잘못을 파헤치고 상사의 잘못을 찾아내서 나의 신분을 올려 보고 나의 능력을 돋보이게 하려고 하는 직장인이 있다.

남의 허물을 보지 말고 나의 허물을 보라는 부처님의 말씀을 철학으로 삼아보자. 남의 허물을 벗겨서 나의 능력을 과시하면 구설에 오르게 된다.

'모든 악惡을 짓지 말고 선을 받들어 행하여 스스로 마음을 깨끗이 하라. 이것이 모든 부처님의 가르침이다.'(천태종 구인사 법어 중, 2019).

직장 생활이나 경영을 하다 보면 유혹에 빠질 수 있다. 유혹은 죄를 짓게 만든다. 따라서 유혹을 버리고 선을 행하는 마음으로 마음을 깨끗이 하는 것이 부처님의 가르침인 경영철학이다.

4. 천주교 철학

고대 유다교의 토대가 없었다면 그리스도교는 존재하지 않았다. 유다교와 그리스도교는 같은 뿌리로 초기 그리스도교 신자는 유다인이다. 예수 또한, 유다인으로 그들은 예수가 그랬듯이 유다교의 전통을 지극히 당연하게 '새로운 길' 속으로 받아들였다. 괴테는 '아무리 정신문화가 발전하고 자연과학이 더 넓고 깊게 성장하고, 인간 정신 폭이 넓어진다고 해도 우리 인간은 복음서에서 빛을 발하는 그리스도교의 숭고함과 윤리적 문화를 넘어설 수 없다.'고 하였다(페터 제발츠, 2008).

우리가 그리스도교의 숭고함을 뛰어넘을 수는 없지만, 기업 철학만큼은 숭고하고 윤리적 문화관을 바탕으로 하여야 한다고 생각한다.

성경의 시각에서 보면 하느님은 세계 전체를 무無에서 창조하셨다. 하느님은 이 세상의 일부나 어떤 우주의 힘이 아니라 인간의 상상력을 절대적으로 뛰어넘는 인격체이다. '세상이 창조된 때부터, 하느님의 보이지 않는 본성 그분의 영원한 힘과 신성을 조물을 통하여 알아보고 깨달을 수 있게 되었다(로마 1,20)'. 우리가 사는 지구는 아주 작은 부분까지 정교하게 고안된 대단히 경이로운 구조물이다. 꼼꼼하고 섬세하게 조율된 지구는 자신의 축을 중심으로 자전하면서 이 모든 것은 세계가 의도적으로 고안되고 계획된 창조임을 알려준다. '내가 땅을 세울 때 너는 어디 있었느냐? 누가 그 모퉁이 돌을 놓았느냐?(욥 38, 4-6).'(페터 제발츠, 2008).

하느님이 무無에서 천지를 창조하셨다는 성경 말씀이 있다. 현시점에서 경영자는 우주가 진화이냐 창조이냐의 논리를 떠나 인간의 상상력을 넘는 창의력을 찾아보아야 한다. 그렇다고 신의 경지에 도전하여 하느님의 존재를 파헤치고자 하는 의도는 아니다. 단, 종업원의 상상력을 넘어 더 넓은 상상의 세계를 창조하는 것이 경영자의 능력이다.

이는 지구의 정밀한 창조처럼 또는 인간의 구조처럼 아주 정밀하고 계획된 신제품 창조에 도전할 것을 권하고 싶다. 이는 그리스도가 가르쳐 주는 경영철학이다.

지구는 생존에 지극히 불리한 우주 속을 우주선처럼 끊임없이 떠다닌다. 지구는 정확하게 1년 안에 태양의 주위를 돌아야 한다. 궤도를 이탈하거나 시간상으로 오차가 생겨서는 안 된다. '생존'이 가능한 최적의 상황을 만들기 위해 지구의 크기와 형태, 위치와 축, 지구의 자전과 자전 속도는 아주 세밀한 부분까지 서로 정확하게 맞춰져 있다(페터 제발츠, 2008).

기업은 지구상에서 우주선처럼 떠다닌다. 우주선은 작은 부품 하나라도 고장 나면 그 기능을 다 하지 못한다. 기업이 생존하려면 지구상에서 최적의 상황을 만들어야 한다. 아주 세밀한 부분까지 경영자는 기업의 모든 구조가 서로 정확히 맞추어진 경영을 추구하여야 한다.

천주교는 1784년(정조 8년) 이승훈 신부가 북경에서 영세를 받아 이벽, 정약전과 함께 신앙 모임을 조직하면서 수용되기 시작하였다. 교리를 연구하고 세례를 주면서 신앙 집회를 열며 고백성사, 성체 성사를 집전하게 된다. 천주교는 처음부터 종교로서 전래한 것은 아니었다. 그러나 점차 학문적 연구에서 신앙의 종교로 표면화되자, 조선의 조정은 종교를 믿는 자를 탄압하고 관련 서적을 불태우는 박해의 대상이 되어 약 1백 년 동안 10차례에 걸쳐 박해가 일어났으며, 그 중 4차례의 종교탄압 사건이 가장 컸다(김광욱, 2008).

조정에서 당시 공표한 천주교 금지 교사 중의 한 부분이다(김광욱, 2008).

'오늘날 이른바 사학이라는 것은 어버이도 없고 임금도 없어서 인륜을 헐어 없이하고, 사람으로 하여금 짐승으로 돌아가게 한다. 어리석은 백성들이 점점 이에 물들어 그릇 되어가니 이 어찌 슬프고 마음 아픈 일이 아니랴! … 잡아서 뉘우치지 않는 무리가 있거든 반역죄로 다스리라. 수령은 각각 그 맡은 바 지방에서 오가작통법을 밝게 실시하여 … 사학의 무리가 있거든 곧 관에 고하여 죄를 다스려 사학을 뿌리째 없애버려 남은 씨가 없게 하라. 서울이나 시골 할 것 없이 고루 알도록 하라.'

경영 현장에서도 정치적 탄압과 경쟁자의 위험은 항시 따르게 마련이다. 사례로 김영삼 정부 시절 대통령 후보로 정주영 후보가 출마하여 낙선하자 김영삼 정부는 현대를 탄압하기 시작하였다. 현대는 정부의 탄압을 버티면서 내부적으로는 더 강하고 튼튼한 기업이 되었다.

기업은 어떠한 환경에서도 버틸 수 있는 강한 내적 힘을 키워나가야 한다.

성경 말씀 중 그리스도 철학을 대표하는 구절이 십계명이다. 십계명은 출애굽기 20장과 신명기 5장에 나온다. 출애굽기에서 예수님은 돌에 손가락으로 십계명을 새겨 모세에게 주었다고 한다. 십계명에 대한 해석은 종교에 따라 약간씩 다르나 보편적인 계명은 다음과 같다.

1. 한 분이신 하느님을 흠숭하여라.
2. 하느님의 이름을 함부로 부르지 말아라.
3. 주일을 거룩하게 지켜라.
4. 부모에게 효도하라.
5. 사람을 죽이지 말라.
6. 간음하지 말라.
7. 도적질하지 말라.
8. 거짓 증언을 하지 말라.
9. 남의 아내를 탐내지 말라
10. 남의 재물을 탐내지 말라.

경영철학의 기초로 삼아야 할 계명이다. 주일을 거룩하게 지키기 위하여 종업원에게 주일은 일하지 않고 거룩한 날을 만들어 주어야 한다. 휴식이 곧 생산성을 향상하는 길이라고 할 수 있다. 사람을 죽이는 제품은 절대 만들지 말아야 한다. 또한, 사람에게 피해가 가는 제품으로 이익을 얻어서는 안 된다. 다른 기업의 기술을 도둑질하거나 사람을 빼내어서 이익을 추구하지 말아야 한다. 다른 기업의 제품을 그대로[모방] 만들어 팔지 말아야 한다는 십계명의 일부를 경영 철학으로 옮겨 보았다.

Part 4
경영철학의 산책

1. 언덕은 내려 보되 사람은 내려 보지 말라
2. 호모사피엔스 homo sapiens
3. 경영의 정체성
4. 차별화
5. 80 : 20 법칙 파레토 법칙
6. 본업에 집중하라

1. 언덕은 내려 보되 사람은 내려 보지 말라

직업은 무수히 많이 있다. 시간이 지나면서 사라지는 직업도 있고 새로 생겨나는 직업도 있다. 우리 옛말에 직업에는 귀천貴賤이 없다고 하였다. 그러나 직업에는 차별이 있는 것이 우리의 현실이다. 조선시대는 양반, 평민, 천민으로 구분되어 직업에 귀천을 두었고 현재는 그 직업에서 얼마의 수익을 내는가에 따라 어떤 직종에서 일하는가에 따라 직업에 차별이 있다. 다시 말하면 직업에 귀천은 없을지라도 차별과 빈부의 차이는 분명 있다.

지난 과거 1세기 동안 차별화된 직업으로 더 높은 직종으로 이동하기 위하여 자식에게는 나의 천한 직업을 물려주기 싫어서 자식만은 대학을 보내서 더 많은 공부를 시키려고 노력하였다. 그 결과 현 세대는 대학을 졸업하지 못한 사람을 찾아보기가 어렵게 되었다.

전 국민의 대졸 화 현상이 발생하였다. 직장에서도 모두가 대졸사원이 되었으니 직급이 낮거나 최저 임금을 받는 직원, 3D(더럽고, 힘들고, 위험한 일)에서 일하는 사람직원은 하찮은 직원으로 천박한 직업으로 보인다.

같은 업무를 하고 동일 직종에 동일 직급으로 일하는 동료 간에도 시간급일당이 더 많은 직원이 최저 임금을 받고 입사한 직원을 낮게 평가하고 천박하게 대우하고 있다. 임금 차이로 내려다보고 올려봐야 하는 직장 문화가 형성되어 있다. 이러한 조직 구조를 갖춘 기업문화가 이루어지니까 지시하는 사람만 있고 몸으로 움직여 일할 사람이 없게 되었다. 사무실 청소할 사람, 직원들 책상 옆 쓰레기통 비워줄 사람도 없다.

모두가 내려다보니까 올려다볼 사람이 없게 되었다.

책상 옆에 비치된 개인용 쓰레기통은 누가 비워야 하나?

대졸 평사원으로 최저임금을 받는 직원의 쓰레기통을 비워 줄 내려다보아야 할 직원이 있는가?

입사 선임이라고 후임자의 인권이나 사회적 배려가 없는 사회가 되어 버린 직장문화가 있다.

시급 8,350원과 10,000원의 차이이다.

2. 호모사피엔스homo sapiens

호모 사피엔스는 '슬기 있는 사람'이라는 뜻으로 오늘날의 인간을 생물학이나 고인류학의 종種으로 나타낼 때 사용하는 명칭이다. 호모 사피엔스homo sapiens의 아종亞種으로, 뷔름 빙기wurm glacial stage 때인 약 4~5만 년 전에 출현하여 후기 구석기 문화를 발달시킨 것으로 여겨지고 있다(두산백과, 2019).

현생 인류의 직접적 조상인 호모 사피엔스는 플라이스토세pleistocene epoch 중기인 15만~25만 년 전에 처음 나타난 것으로 추정되는데, 그 기원에 대해서는 아프리카 기원설과 다지역 기원설이 대립하여 나타나고 있다. 아프리카 기원설은 12만~15만 년 전 초기 호모 사피엔스의 화석이 아프리카 지역에서만 발견된다는 것을 근거로 호모 사피엔스가 아프리카에서 발생했으며, 5만~10만 년 전 무렵에 중동, 아시아, 유럽 등으로 이동하여 각 지역에 살고 있던 기존의 고인류를 대체하여 오늘날 현생인류現生人類의 조상이 되었다고 주장한다. 하지만 다지역 기원설은 호모 사피엔스가 각지에 분포하고 있던 호모 에렉투스homo erectus에서 진화해 나온 것으로 추정한다(두산백과, 2019).

그러나 이미 4만~5만 년 전 각지에 널리 분포하고 있었던 호모 사피엔스 사피엔스와 그 이전 시기에 존재했던 호모 사피엔스 이달투homo sapiens idaltu, 호모 사피엔스 솔로엔시스homo sapiens soloensis 등 호모 사피엔스의 다른 아종亞種과의 관련성에 대해서는 아직 명확히 밝혀지지 않고 있다. 현재 발견되는 화석만으로 인류의 진화 과정과 종種의 차이를 이해하기에는 한계가 있기 때문이다(두산백과, 2019).

호모 사피엔스의 아종인 호모 사피엔스 사피엔스homo sapiens sapiens는 4만~5만 년 전에 이루어진 급격한 형질 변화를 통해 나타난 것으로 추정된다. 두뇌 용적은 초기 호모 사피엔스와 큰 차이가 없거나 오히려 적었지만, 이 시기에 인류의 창조력은 급격한 발전을 보였다. 정교한 석기와 골각기를 만들어 내고, 벽화와 같은 예술작품을 제작하는 등 문화를 발전시켰다. 이를 기반으로 오늘날까지 인류는 사유능력과 언어 사용 능력 등을 바탕으로 도구와 기술의 발전을 이루어 급격한 문명의 발달을 가져왔으며, 다양한 집단으로 이루어진 복잡한 사회 구조를 형성하여 윤리와 가치, 법 등을 만들었다. 그리고 자신을 둘러싼 세계에 대한 이해를 체계화하여 전승하는 과정에서 철학과 과학, 신화와 종교, 문화와 예술 등을 발달시켰다.

초기 호모 사피엔스 사피엔스의 화석은 지구상의 각 지역에서 다양하게 발견된다. 1868년 프랑스 남부의 도르도뉴dordogne에서 처음 발견된 크로마뇽인cro-magnonman의 화석은 유럽에서 발견된 가장 대표적인 호모 사피엔스 사피엔스의 화석이다. 이들은 1만~4만 5천 년 전에 살았던 것으로 추정되며, 인간이나 동물의 모습을 동굴 벽에 그리거나 조각상을 만들었다. 1901년 프랑스와 이탈리아의 국경 지대인 그리말디grimaldi의 동굴에서도 호모 사피엔스 사피엔스의 화석이 발견되었다. 1933년 중국 베이징의 저우커우뎬周口店에서 발견된 산딩둥인山頂洞人(上洞人이라고도 함)의 화석은 아시아 지역에서 발견된 대표적인 호모 사피엔스 사피엔스의 화석이다. 이들은 오늘날 동아시인과 유사한 특징을 나타내고 있는데, 가느다란 섬유로 의복을 만들어 입었으며 상당히 발전된 수준의 장식품 제조 기술을 지니고 있었다. 일본 오키나와현沖繩縣의 미나토가와港川에서도 1만~2만 년 전의 후기 구석기시대에 살았던 호모 사피엔스 사피엔스의 화석이 발견되었는데, 이를 미나토가와인港川人으로 부르기도 한다(두산백과, 2019).

오늘날 현생인류는 지구상에 약 70억 명이 분포하고 있는데, 그 가운데 85% 정도가 아시아와 유럽, 아프리카에서 살고 있다(두산백과, 2019).

우리 인류의 탄생 역사는 오래전부터 이어지고 있다. 수십만 년 전부터 인류는 진화되어 현재의 인류가 되었다. 현재의 인류는 앞으로 수십만 년 후에는 또 진화되어 발전되어 나갈 것이다.

기업은 인류의 진화와 같이 발전되어 나가지 못하고 짧은 생명을 살고 있을까?

우리나라 평균 기업의 수명은 30년이라는 통계가 있다.

왜 기업은 30년 정도만 유지될까?

호모사피엔스 사피엔스가 현생인류의 시조라고 하고 있다. 우리 인류가 지금까지 종족을 유지하고 진화되어 올 수 있었던 것은 무엇 때문인가? 생각하기 때문이다.

인간은 야생에서 사는 말을 잡아서 길들여 인간에게 유익함을 제공하게 하였다. 야생말은 지금까지 진화하면서 왜 지배를 하지 못하고 인간에게 지배를 당하고 살고 있을까?

생각하지 않기 때문이다.

그러나 야생말은 지금도 종족을 유지하고 있다.

기업은 왜 유지하지 못하고 멸망하는가?

우리나라에 100년이 넘는 기업은 몇 개 기업으로 손가락 안에 들어온다.

이들 장수 기업이 진화할 수 있는 것이 무엇인가를 살펴보아야 한다. 호모사피엔스 사피엔스가 지금까지 종족을 유지할 수 있었던 진화 방법에서 기업을 진화시키는 방법을 찾아보고 싶다.

오래전 초등학교 교육과정에서 인간은 원숭이가 진화되어 인간이 되었다는 진화설이 있었는데 지구상에서 기록이 나타나면서 지금까지 기록에 원숭이가 인간으로 진화되었다는 기록은 없다. 이는 인간은 인간으로서 지속하여 진화하여 왔다는 것을 증명하고 있다. 기업 또한 창업 초기의 기업으로서 진화하여 나가야 함을 알 수 있다.

3. 경영의 정체성

정체성正體性 identity은 존재의 본질을 규명하는 성질로서 상당 기간 일관되게 유지되는 고유한 실체로서 자기에 대한 주관적 경험을 의미한다. 경영의 정체성 역시 기업이 오랜 활동을 하면서 기업의 본질을 정립하고 기업이 나아가고자 하는 고유의 본질이다. 정체성은 자아 내부에서 일관된 동일성을 유지하는 것과 다른 사람들과의 관계에서 자아의 특성을 지속해서 공유하는 것이다. 정체성은 기업의 정체성뿐만 아니라 인간의 정체성, 정부의 정체성, 군대의 정체성, 국가의 정체성 등 다양하다.

인간이 성장하면서 사회 속에서 자신의 존재를 지각하게 되듯이 기업도 성장하면서 경제 혹은 사회 속에서 기업의 존재를 알게 된다. 정체성의 형성 과정은 어린 시절에는 다른 사회라는 환경 속에서 다른 사람과 다른 자신만의 희망, 생각, 기억, 외모 등이 다르다는 것을 알게 된다. 기업 역시 창업 초기에는 경쟁기업과 다른 경영 방법, 경영자의 생각, 차별화된 제품, 아이디어 등이 성공하려면 경쟁기업과는 달라야 한다는 것을 알게 되면서 창업을 시작하게 된다.

소자본 창업을 하면서 정체성을 모르고 모방 창업을 하는 창업이 실패할 수 있다. 대다수의 창업이 그 분야의 정체성을 모르고 다른 사람의 창업을 그대로 모방하여 창업하면서 실패를 겪게 된다.

요즈음 골목길 커피점이 유행을 하고 있다. 이러한 유행을 모방한 커피점은 정체성을 모르기에 실패할 확률이 매우 높다.

대형 커피점은 왜 성공할까?

그들만의 정체성이 있다. 예를 들어 스타벅스의 정체성은 무엇인가?

스타벅스는 세계 각국에 진출하면서 그 나라의 정체성을 인정하였다. 예로 실내장식[인테리어]을 할 때 각 나라의 전통 문양을 접목하고 특색을 접목하여 정체성을 인정하게 되었다.

우리가 커피 전문점을 선택하는 이유에도 몇 가지 의미가 있다. 커피 한 잔을 선택하는데도 결정해야 할 요소가 있다. 용량이 작은 크기로 할 것인가? 큰 크기로 할 것인가? 진한 맛을 선택할 것인가? 연한 맛을 선택할 것인가? 설탕이나 시럽을 넣어 달라고 할 것인가 아니면 내가 직접 넣을 것인가? 가격은 얼마대로 결정할 것인가? 무엇을 선택할 것인가에 대하여 한 잔의 커피가 확고한 정체성까지 가지고 있어야 한다.

우리나라에 커피가 소개되면서 당시 다방이라는 공간이 생겼다. 다방에서 커피, 쌍화차 등 차를 팔았는데 당시는 그냥 커피이다. 커피의 정체성이 없었다. 커피를 주문하면 커피의 정체성이 없는 일관된 커피를 누구나 같은 커피를 내어주었다. 이러한 커피점[다방]은 어느 날부터 정체성을 잃고 퇴출당하기 시작하여 지금은 찾아보기 힘들 정도로 퇴출당하고 현재는 커피전문점이라는 정체성을 가진 전문점이 자리를 잡고 있다.

스타벅스의 정체성을 살펴보면 요즘 학생들은 도서관보다 스타벅스에 공부하는 학생의 수가 늘어나고 있다. 시험 기간이 되면 많은 학생들이 스타벅스에서 책을 펴고 공부를 하고 이야기를 나누면서 책을 보고 있다.

학생들이나 직장인들 사이에 스타벅스는 공부하는 데 집중이 제일 잘 되는 곳이라고 하기도 한다. 공부하는 데 집중이 잘되는 곳은 도서관이 아니라 스타벅스이다.

스타벅스는 도서관보다 더 도서관다운 장소 정체성을 갖고 있다고 한다.

인간은 부모를 통해서 정체성 형성을 시작한다. 기업도 창업하면서 기술을 전수해준 장인으로부터 정체성을 전수하기도 하며, 체인점은 본사의 기업 정신을 통하여 정체성을 형성하게 된다.

장인의 정체성을 이어받아서 기업을 지속 경영하게 되면서 경영의 정체성을 알게 된다.

장인의 정체성은 무엇인가?

천년을 이어온 종갓집 씨 간장 맛을 유지하여 오는 것은 대대로 내려오는 며느리만의 정체성이 있기 때문이다.

종갓집 씨 간장에도 비밀이 있다.

전라남도 담양군 창평면 유천길에 있는 대를 이어 내려오는 종갓집 1,000평 규모 마당에는 장독마다 이름표를 단 1,200개의 장독대가 있다. 10년 내·외에 만든 장은 제조 연도까지 적어 두지만, 너무 오래된 것은 연도를 정확히 구별하기 힘들다.

종가집 장맛의 비법 중 하나는 죽염수(죽염을 녹여 맑게 뜬 물만 사용)를 쓴다는 것이다. 천일염의 쓴맛과 불순물은 걸러지고 대나무의 단맛과 감칠맛이 더해진다. 집 근처 167m 깊이의 우물에서 긷는 지하수 물맛도 비법 중 하나다. 일전에도 삼성가의 식자재 책임자가 물맛을 보러 직접 내려왔었고 한다(중앙일보, 2017.11.09.).

우리 문화는 우리만의 정체성을 과거부터 가지고 있다. 이러한 우리의 정체성은 외국문화에 의하여 잠식되어 가지만 우리의 유전자 속에는 우리만의 정체성이 남아 있다.

일본이 45년간 일제강점기에 우리를 지배하면서 우리의 정체성을 말살하고 일본의 정체성을 우리나라에 불어 넣어주려고 하였지만 실패하였다.

기업도 정체성을 유지하여야 한다. 서양경영기법을 전수하지 말자는 것이 아니다. 좋은 경영기법이라면 당연히 받아들여야 한다. 그러나 기업만의 정체성을 가지고 받아들여야 실패하지 않을 것이다. 모방 기업이 실패하는 원인은 정체성이 없기 때문이다. 창조는 모방에서 시작되지만, 고유의 정체성을 가지고 모방에서 창조를 끌어내야 한다.

우리는 언론을 통하여 가끔 보게 되는 해외입양아가 자신의 정체성을 찾는 것을 볼 수 있다. 태어나자마자 해외로 입양된 아이도 일생에 한 번은 자신의 생모나 생부라는 존재와 자신이 태어난 나라 등, 자기 인생에서 정리하는 시간을 갖게 된다.

에릭 에릭슨의 발달이론에서 12세부터 18세까지 청소년기에는 정체성이 형성되거나 정체성에 혼란이 오는 상황을 맞게 된다. 그 시기에 친구, 외부 집단과 접촉하면서 의미 있고 풍요로운 자기 개념을 만들거나, 외부에서 맞닥뜨리는 모든 관계에서 자기가 누구인지 잊어버리는 현상을 맞기도 한다고 하였다.

기업도 창업 초기에는 창업에 전념하고 생존에 총력을 다하다 보면 정체성을 찾기가 힘들게 된다. 그러나 시간이 지나면서 기업의 정체성을 찾아야 한다. 창업 초기에 생각했던 정체성을 잃어 가지는 않는지 다시금 돌아볼 시간은 있어야 한다.

인간은 누구나 자신의 존재를 규명하는 일은 매우 중요하다. 우리가 종교를 갖는 것도 정체성 형성과 연관이 있다. 천주교라면 하나님과의 관계 설정, 천지창조를 통하여 하나님과의 관계 설정을 통해 자신의 존재를 설정하고 이를 통해 우리는 자신 존재의 안정감을 유지하며 삶의 애환이나 고통과 즐거움을 하나님께 기도하게 된다.

기업이 어려움에 부닥치었을 때 경영자는 누구에게 힘을 빌릴까?

기업의 존재를 규명하여야 한다. 창업 초기에 설정한 정체성을 다시금 돌아보아야 한다. 창업을 일깨워준 전문경영자나 지도자 그리고 창업에 도움을 준 기술을 이전시켜준 장인의 정체성을 믿고 관계를 유지해 나가야 한다. 만약 경영하면서 전임 경영자의 경영전략이나 정책 그리고 기업문화를 무시하고 나만의 정체성을 만들려고 하면 실패한 경영자가 될 수 있다. 기업마다 고유의 전통이 있다. 기업문화가 있다는 것이다. 이러한 기업문화는 하루 만에 만들어진 것이 아니라 오랜 기간 정체성을 쌓아온 결과이다.

정체성은 다양한 학문에서도 중요하게 다루어지는 개념으로 심리학, 철학, 사회학 등에서도 정체성을 논하고 있다. 최근 국제화와 인터넷의 발달은 인간의 삶에 큰 변화를 가져왔고 그로 인해 정체성 문제도 여러모로 조명되고 있다.

인터넷 세상에서 우리의 정체성은 혼란스러워지기 시작하였다. 온라인에서 인격은 무너지고 우리가 쌓아온 문화와 정체성을 잃어버리고 있다. 생각 없이 쓴 댓글이 상대를 아프게 하고 한 사람의 인격이나 인생을 파괴하게 한다. 우리는 오프라인에서의 살아온 인격과 정체성이 온라인에서 살아가는 인격과 정체성과는 전혀 다르게 자신의 삶을 연출할 수 있게 되면서 내가 누구인지? 어느 모습이 자신의 진짜 모습인지 혼란스러워지고 있다.

기업에서도 같은 현상이 나타나고 있다. 회사에 출근하여 동료들과 함께 일하면서 직장생활의 정체성이 퇴근 이후 인터넷이나 카카오톡 등 SNS를 이용하여 업무를 지시하는 상사와 개인 생활을 인터넷에 올려서 생을 마감하게 하는 온라인에서의 일들은 오프라인에서 구축한 정체성이 온라인에서는 전혀 다른 정체성으로 나타나게 된다.

과연 온라인으로 퇴근 후에 업무를 지시하는 상사는 왜 업무를 온라인으로 퇴근 후 지시하는가? 정체성을 알고 싶다.

사회적으로도 그 사람의 진짜 모습은 무엇인가가 탐구의 대상이 된 것이다.

인간의 정체성과 직결되는 인공지능의 발달도 정체성 문제를 본질적 측면에서 다시금 생각하게 하는 요소가 되었다.

인공지능이 우리에게 알려지기 시작한 것은 인공지능과 이세돌 바둑기사와 대국으로 명성을 얻기 시작하였다. 4차 산업혁명이 시작되면서 집집이 인공지능 스피커를 들여놓기 시작하였다. 처음에는 공상에 불과하던 인공지능이 이제는 현실이 되었다.

그러나 인공지능의 발달로 인간의 정체성을 잃게 되기도 한다. 과학의 발달이 정체성에 위험을 가하기도 한다.

당신이 경영자라면 인간의 정체성을 잃은 제품을 개발하여 이익을 챙길 것인가?

우리는 정체성을 잃은 많은 제품을 보아왔다. 정체성이 없는 제품은 짝퉁이다. 짝퉁은 타제품을 모방해서 그대로 만든 제품이다. 기업가의 정신도 없고, 제품을 만드는 기술력도 없다. 단지 복사하는 기술로 정체성이 없기 때문에 장기적으로 시장에서 경쟁할 수 없다.

현재 시장에서 커피전문점이 유행한다고 다른 커피전문점을 모방하여 창업하면 시장경쟁력을 잃게 되는 것은 창업자의 정체성이 없기 때문이다.

왜 창업하는지?

단순히 돈만 벌겠다면 말리고 싶다.

경쟁력이 무엇인가?

맛, 장소, 서비스, 다양성 등

누구에서 배웠는지?

기술을 가르쳐준 장인의 정체성을 배웠는지?

한국 기업의 정체성이란 무엇인가를 생각해본다. 우리 기업만의 정체성이 있을까?

먼저 한국의 정체성을 보면 과거 고유문화에서 우리의 정체성이 있다고 한다. 백의민족白衣民族을 이야기하기도 한다. 그러나 현재 우리는 흰옷을 입고 다니는 사람은 그리 많지 않다. 과거 염색기술이 발달하지 못한 시절 흰옷을 즐겨 입었기 때문이다. 요즘은 화려한 염색기술로 다양한 옷을 입고 다닌다. 그래도 우리는 백의민족이라는 정체성을 이야기한다.

또한, 단일민족單一民族이 우리의 정체성을 대표하기도 한다. 단일민족은 민족이 하나란 뜻이다.

과연 현실의 우리 민족은 단일민족일까?

현실은 다르다. 지금은 다문화가정 시대인데 아직도 우리는 단일민족을 주장하면서 다문화가정을 부정하고 있다.

우리 기업도 이러한 민족의 정체성에 영향을 받고 있다.

예로서 외국 근로자들이 우리나라에 많이 진출하고 있는데 우리는 이들을 어떻게 대우하고 있는가?

천대하는 경향이 있지 않는지, 낮추어보지는 않는지, 차별대우하고 있지는 않은가?

왜 우리는 기업에서 외국 근로자를 차별해야 할까?

이들이 없으면 기업을 경영하는데 어려움이 많이 있다고 한다.

눈에 보이지 않는 차별이 기업문화 속에 잠재되어 있다. 왜 이런 차별화가 남아 있을까? 우리는 단일민족이기 때문이다.

회사 내에서도 늦게 입사한 직원이나 타부서에서 전보 받은 직원을 굴러온 돌이 박힌 돌 뺀다는 차별이 남아 있다. 타부서에서 전보 받은 것은 다양한 부서경영을 배우라는 의미도 있는데 남의 밥그릇 빼앗는다며 차별하는 것은 무엇인가?

중소기업 사장님들은 외국 근로자들이 일을 잘하는 사람도 있다고 매우 좋아하는 사장님들이 많이 있다. 인건비도 낮고 일도 잘하고 한국어 의사소통이 가능하다. 간혹 이들은 한국에 남아서 결혼을 하여 한국 사람이 되기도 한다.

우리는 역사적 전통을 우리의 정체성으로 본다.

그럼 우리는 우리의 전통문화를 얼마나 알고 있는가?

우리의 전통문화 중 판소리가 있다. 우리는 판소리 한 구절을 알고 있는가?

요즘 유행하는 유행가에는 익숙하지만, 판소리나 국악은 우리 귀에 익숙하지 않다. 대중이 받아 들어주지를 않으나 우리의 핏속에 전통문화는 잠재되어 있다.

이처럼 우리는 단일민족이지만 다문화를 받아들여야 하고 기업도 다문화를 우리의 구성원으로 인정해야 한다.

막대한 권력 앞에 누가 '아니요.'라고 대답할까?

우리 기업문화는 가부장적 권력이 남아 있으며, 최고 경영자의 막대한 권력이 있다. 최고 경영자는 이러한 막대한 권력을 남용하기도 한다.

이러한 권력은 2세에게도 상속되고 있다. 우리나라 기업문화 중 하나인 자녀상속으로 상속받은 자녀 중 일부는 기업의 정체성을 모르고 갑질에 정진하기도 한다.

권력의 힘에 매료되었기 때문이다. 어려서부터 권력의 맛을 보고 있는 2세에게 '안 돼요.'라고 말해주는 사람이 없으니 갑질인 줄도 모르고 권력의 남용도 모르고 자라왔기 때문이다.

직장인이라면 누구나 이해 할 수 있는 것이 최고경영자 앞에서 회장님, 혹은 사장님 안 됩니다. '아니요, NO'라고 대답할 수 있는가? 경영자 2세에게도 마찬가지로 경력이 많고 노련한 중역이 어린 2세의 갑질을 보고 '안돼요'. 라고 말해줄 사람이 없다는 것이다. 짧은 기간에 기업이 성장하면서 형성된 정체성의 부족으로 갑질이 탄생하고 갑질 앞에서 머리를 숙이게 되고 당당하게 'NO'라고 할 수 없는 경영 현장의 현실이다.

벼가 익으면 머리를 숙인다는 속담이 있지만, 기업이 성장하면서 경영자의 머리는 숙어지지 않는다.

권력 앞에서 '아니요. 안됩니다.'라고 할 수 있는 기업문화를 창출해야 만이 기업의 정체성을 확립하고 정도경영의 문화를 만들어 가야 할 시기이다.

4. 차별화

우리는 차별화된 것이 무엇이 있는가?

성공한 기업이나 개인은 무엇인가 차별화된 특징이 있다.

성공한 커피전문점을 살펴보면 차별화된 장점이 있다.

한국에 장생 커피전문점 또는 외국 브랜드의 많은 커피전문점이 활성화되고 있다. 골목길 작은 커피점부터 대형 프랜차이져 가맹점까지 춘추전국 시대를 이루고 있다. 그러나 한국 시장은 외국계 기업에는 그리 호락호락하지 않은 시장이다. 세계적인 기업들도 한국에 진출하여 실패하고 철수한 사례가 많이 있다. 월마트, 네슬레 등 세계적 기업도 한국 시장은 무덤이라고 불릴 정도로 외국기업에는 시장진입이 어려운 국가 중 하나가 한국 시장이다.

스타벅스는 한국 시장의 편견을 깨고 한국 시장에서 자리 잡고 시장을 개척하여 전국에 매장 수를 늘려가고 있다.

왜 스타벅스가 성공했을까?

스타벅스만의 차별화 전략 중 하나가 커피뿐만 아니라 문화공간을 제공하는 차별화 전략이다.

골목길 커피점은 커피만 판다. 그러나 스타벅스는 단순히 커피만을 파는 것이 아니라 스타벅스의 문화를 함께 파는 차별화 전략을 추구하고 있다.

스타벅스의 차별화 전략은 스타벅스만이 주는 공간 분위기와 만남 장소 그리고 대화를 중시해 일반 커피점과는 차별화된 전략을 세웠다.

도서관보다 편한 공간 분위를 만들어 스타벅스에서 공부하는 대학생이나 업무를 하는 직장인들을 위해 매장에 콘센트와 와이파이를 설치했다.

이는 아주 작은 차별화이지만 큰 행복을 가져다주는 최근의 흐름에 부합한 전략이다.

또한, 요즘 타인과의 접촉을 싫어하고 나만의 공간을 추구하는 젊은 층을 위하여 나를 찾는 스타벅스 문화를 창조하였기 때문에 스타벅스가 성공 할 수 있는 하나의 차별화 전략이다.

즉, 스타벅스는 물건을 파는 공간이 아니라 제3의 공간이라는 인식으로 문화를 팔고 있다. 이는 경영목표를 문화와 가치에 집중하여 모든 것을 만족하기보다는 몇 가지에 집중하여 고객을 만족하게 하는 차별화 전략으로 성공하였다고 볼 수 있다.

마이클 포터가 주장한 차별화전략을 기업철학으로 가져가 보자. 경쟁자와 차별화되지 않은 제품이나 서비스는 살아남을 수 없다는 것을 명심해야 한다.

철저한 현지화

스타벅스는 스타벅스만의 고유의 특징이 있지만 각 나라에 맞는 현지화를 추구하였다. 한국에서는 한국문화에 맞는 한국 문양을 실내장식을 적용하고 드라이브 스루Drive Thru에 최초로 화상 주문시스템을 도입했으며, 지역 특산물인 문경 오미자, 광양 황매실 등 계절 메뉴로 개발하기도 하였다. 훈민정음으로 디자인된 텀블러와 한글 모양을 본뜬 머그잔 등으로 한국의 정서를 반영하였으며, 한정판 상품을 판매하여 스타벅스는 '문화를 판다'는 원칙을 유지하면서도 현지화를 추구하였다.

그럼 우리는 무엇을 차별화하였는가?

경쟁자와 차별화된 경쟁력 없이 현실의 벽과 싸움하고 있지는 않는가?

담담하게 세계와 경쟁하고 있는가?

경쟁자와 차별화된 경쟁력 없이 현실의 벽과 싸움하고 있다. 싸움도 아주 가까이 옆 사람과 싸우고 있어 더 넓은 세계를 보지 못하고 있다.

상권이 살아 있는 골목길을 살펴보면 미용실 옆에 부동산, 커피점, 그리고 미용실, 부동산, 커피점이 경쟁처럼 즐비하게 늘어 서 있다. 옆 사람과 치열한 경쟁을 시작하는 것이다. 커피점이 망하여 폐점하고 나간 자리에 또 커피점이 들어온다. 너 죽고 나 죽기 식이다.

우리는 왜 좁은 안목으로 경쟁하여야 하나?

세계 우승을 차지한 여자프로 골프선수 중 한국 선수가 돋보인다. 박세리 선수를 시작으로 이미현 선수, 박인비 선수, 고진영 선수, 박성현 선수 등 세계 최고의 선수들이다. 이들의 특징은 담담하게 세계 최고가 되기 위한 노력이 있을 뿐이다.

한국 여자 프로골프 선수들의 특징은 낯선 문화와 언어 그리고 코스, 환경에 빨리 잘 적응 한다. 또한, 부단한 노력을 하고 전 가족이 헌신하고 끈끈한 가족 사랑의 문화가 있으며, 세계 최고의 자리를 위하여 강한 의지력을 가지고 있다.

담담하게 세계와 경쟁하는 도전 정신이 배어 있다.

왜 넓은 세계에 담담하게 도전하지 못할까?

좁은 시야로 좁은 세계만 바라보고 있으며, 목표를 낮게 설정하기 때문이다. 만약 내가 한 달에 최저 임금을 벌겠다고 목표를 설정하면 일자리도 최저 임금 일자리만 찾아보는 시야를 갖게 되고 연봉 5천만 원을 받는 일자리를 갖겠다고 목표를 설정하면 연봉 5천만 원의 일자리를 찾게 될 것이다.

좁은 시야로 세상을 바라보며 경쟁하고 있다.

최저 임금의 자리를 생각한다면 편의점 아르바이트 자리 등 생각의 한계가 좁아지게 된다.

넓은 세계를 바라보자.

담담하게 세계와 경쟁하는 철학이 필요하다.

최대보다는 최소를 생각하라.

우리는 최악을 생각하기 싫어한다. 경영에서도 항상 좋은 방향만을 생각하고 싶어 하고 매출이 최대일 때를 기억하고 싶어 한다.

경영하다 보면 과거 최대의 매출이 일어나고 호황일 때를 항상 머릿속에 두고 있으며 그때의 기억을 회상하게 된다.

최악의 상황을 그려보기를 싫어한다. 그러나 경영 현장에서는 최악의 매출이나 경영 상황이 가장 안 좋을 때 어떻게 경영할 것인가를 그려보아야 한다.

경기가 가장 안 좋을 때의 대처 방법이나, 경쟁사가 강력하게 도전을 할 때 대처 방법을 미리 강구하여야 한다.

경영 현장에서 항상 최대의 기대치를 만족하게 할 수 없다는 것을 명심해야 한다.

최대보다는 최소를 그려보자.

최악의 상황에서 어떻게 대처할 것인가를 염두에 두고 경영하여야 한다.

5. 80 : 20 법칙파레토 법칙

파레토 법칙은 조지프 듀란의 이탈리아 학자가 1896년 이탈리아 인구의 20%가 이탈리아 땅의 80%를 소유하고 있다는 논문에서 시작되었다. 개미사회에서도 20%의 개미가 80%의 일을 하고 나머지 80%의 개미는 20%만 일을 한다고 하였다. 여기서 상위 20%의 일하는 개미만 모아 놓으면 20%의 일하는 개미 중 80%는 일을 안 하고 20%가 열심히 일하는 것을 볼 수 있다.

제품에서도 20%의 제품이 전체 매출에 80%를 차지하고 나머지 제품은 전체 매출에 20%를 차지하는 구색 맞추기 제품이다. 또한, 상위 20%의 고객이 회사 매출 80%의 제품을 구매하고 나머지 고객이 20%를 구매하는 것으로 분석되었다. 이를 파레토 법칙 또는 80:20 법칙이라고 한다.

파레토 법칙은 다수보다는 소수가 중요하다는 주장으로 경영 현장에서 직원의 80%는 일상적인 업무를 하고 중요한 아이디어를 내고 의사결정을 하여 기업을 이끌어나가는 인원은 20%의 힘에서 나온다.

즉, 다수보다는 소수정예 요원이 중요하다는 것이다.

창의적인 사고를 하고 기업의 핵심을 만들어가는 사람은 20%이다.

여러분은 어디에 속하고 있는가?

만약 직장에 다니고 있다면 하루하루의 일상 업무를 처리하고 퇴근하는 80%에 속하는지 아니면 창의적 아이디어를 창출하고 기업의 핵심 인물인 20%에 속하는지를 분석하여 보아야 한다.

기업에서 80%에 해당하는 직원의 행동은 동료를 시기하거나 감시하고 헐뜯고 약점을 파헤치려는 행동을 하기도 한다. 이런 현상은 계약직에서 많이 나타나며, 이와 같은 계약직의 약점은 장래성[비전]이 없다는 것이다. 정부에서 계약직을 무기 계약직으로 전환하도록 하여 그 동안 단기 계약직으로 일하던 종업원들이 무기 계약직으로 정년은 보장받았지만 약점은 승진이 안 되고 노력에 대한 보상이 없다는 것이다.

무기 계약직의 특이한 현상은 단기 계약직을 감시하고 상사로서 대우를 받으려고 하고 자기 직무에 최고인 것처럼 착각하고 업무를 하며, 현재의 업무 방법이 제일 나은 방법으로 생각하며 절대 변화를 주지 못하게 막고 있다.

철저한 자기 이익 중심의 생각을 가지고 일하고 있으며, 직속 상사가 맘에 안 든다고 몇 명이 모여서 상사를 몰아내고 성과급을 요구하고 임금 인상을 요구하고 있다.

무기 계약직은 권한은 없으나 책임은 주어진다. 업무에서 결정권은 전혀 없으나 책임은 막중하다. 깨진 쓰레기통 하나도 상사에게 물어보고 상사의 지시가 있어야 버리는 조직이 계약직 조직이다. 물론 계약직이라고 해서 다 그렇지는 않다.

작은 일을 크게 만들어서 성과를 과시하는 조직문화를 만들면서 새로운 도전은 절대 금지하고 변화에 역반응을 나타낸다.

내가 없으면 절대 업무를 할 수 없다고 판단하고 있으며, 상사의 눈치를 보면서 일하고 상사의 지시에 절대복종하는 아부꾼yes man이 된다. 즉, 자기주장을 펼치지 못하고 시키는 일만 하며, 일을 찾아서 하려고 하지 않으며, 절대 손해 보는 일은 하지 않고 업무가 조금이라도 늘어나는 것을 싫어한다.

또한, 감독자가 없으면 절대 일 안 하고 쉬거나 잡담하고 동료나 상사를 비하하거나 헐뜯는 잡담에 열중하다가 상사가 있으면 일에 몰두하는 것처럼 행동하는 조직문화가 있다.

그러나 20%의 행동은 다르다.

자기 업무에 충실하고 상사와 동료의 관계가 돈독하다.

업무는 찾아서 추진하고 항상 개선하고 문제점을 발굴하고 개선 아이디어를 창출하는 인재로써 업무에 적극적이며, 동료를 이해하고 부하직원을 아낄 줄 안다. 그리고 상사에게 자기주장을 뚜렷이 펼쳐 나간다.

모두가 네yes 할 때 아니no라고 자기주장을 확실히 말할 수 있는 능력이 있으며, 항상 긍정적인 생각mind을 가지고 업무를 추진한다.

경영의 파레토 법칙은 다음과 같다.

경영철학의 근본은 자원을 활용하여 부가가치를 창출하는 것으로 자원을 비효율적으로 활용하여 생산성이 떨어지는 부문의 자원을 활용하여 생산성이 높은 타 부문으로 이동하여 생산성을 높이는 방법이다. 그동안 자원의 80%를 활용하여 20%의 가치를 창출하였다면 자원의 많은 낭비가 있다는 증거이다. 그러나 자원의 활용에 대한 효율성을 파악하기가 어려우며 경영자는 효율적으로 자원을 이동하지 못하고 있다. 이는 조직의 80%가 업무에 벽을 쌓고 자원이동을 방해하고 있기 때문이다.

몇 사람의 정예 요원이 기업의 부가가치를 창출하는 역할을 한다.

유능한 인재가 기업의 전체 이익 창출에 기여한다. 이들은 많은 이익을 창출하지만, 적정한 보상을 받지는 못한다. 이들은 20% 내의 직원으로 극소수에 불과하지만, 적정한 보상을 받지 못하면서도 기업의 이익 창출에 공헌한다. 그러나 80%의 나머지 인원은 자신들이 공헌하는 것 이상의 보상을 받기를 원한다. 이러한 자원의 잘못된 배분은 규모가 큰 조직일수록, 다각화한 기업일수록 편차가 심하다.

부당하게 보상을 받으려는 조직의 80%가 음모를 추진하고 있다는 것이다. 이는 기업의 조직이 크고 복잡하면 음모가 성공할 확률도 높다. 유능한 인재가 보물이라고 말할 수 있는 인재는 기업 내에서 극히 일부(20% 이내)에 불과하다. 이들은 자신이 지출한 비용보다 큰 부가가치를 창출한다. 반면에 80%의 직원은 자신이 지출한 비용 이하의 부가가치를 창출하는 무능력한 조직원이라는 것을 경영 현장에서는 명심하여야 한다.

이러한 현상이 발생하는 이유는 개인의 업무성과를 정확하게 측정하기가 어렵다는 점과 중역들의 기업 내 정치적인 수완에 능하다는 점과 그리고 기업문화가 개인의 성과보다는 지위를 중시하는 경향에서 나타난다.

큰 성과도 작은 일부터 시작된다.

경영혁신을 추진하게 되면 처음부터 큰 개선 목표를 설정하고 도전하게 된다. 이런 혁신은 실패를 가져올 수 있다. 초기에는 작은 목표를 설정하고 시작한다.

작은 시작은 큰 성과를 창출하는 원동력이 된다.

경영자는 20%를 찾고 20%에 집중하는 철학이 필요하다.

6. 본업에 집중하라

우리는 그동안 기업의 크기로 규모를 파악하고 좋은 기업 우수한 기업으로 평가하고 있었다. 종업원 수에 따라 기업의 규모를 평가하여 중소기업, 중견 기업, 대기업의 규모를 평가할 때 매출액 등 여러 요소가 있지만, 종업원 규모로 평가한다. 이러한 규모의 경영으로 기업마다 특징 있는 사업을 추진하지 않고 문어발식 기업 확장으로 다양한 분야로 진출한다. 이러한 군 단식 경영이 잘못되었다는 것은 아니다. 그동안 많은 기업이 사세를 확장하기 위하여 사용한 경영기법 중의 하나이다.

군단식 경영 혹은 문어발식 경영을 추진하다 보면 기업만의 특징이 없어지게 된다.

우리 회사의 특산품 또는 주력 상품이 무엇인가? 다시금 돌아보아야 한다.

기업 이름도 한때 IT가 유행할 때 이름 뒤에 xxx 테크 등을 붙이는 것이 유행하였다. 과연 우리 회사가 정보통신IT기업인가를 돌아보자.

문어발식 경영은 본업이 없다는 것이 단점이다. 4차 산업 혁명 시대에 융합경영이 특징이지만 융합도 우리의 본업에 정보통신IT을 융합하거나 다른 특정 기술 또는 경영을 접목하는 것이 유리하다고 생각한다.

유행 따라가다가 본업을 잃게 된다. 중국식당에서 피자를 팔고 통닭집에서 자장면을 파는 것도 융합경영의 한 축이지만 피자집은 피자라는 주력 상품 본업을 두고 융합하여야 한다. 피자의 기능도 잃고 자장면의 맛도 상실한 융합은 실패하기 참 좋은 융합이다. 본업이 무엇인가를 명확하게 하고 주력 상품을 유지하고 추진하여야 한다.

유행은 시간이 흐르면 바뀌나 본업은 대를 이어야 할 기업의 생명력이다.

현대자동차 정몽구 회장은 3불 원칙을 고수하면서 자동차 전문기업으로 키워나갔다. 정 회장의 3불 원칙은 '대북사업을 하지 않겠다.' '정치에 간섭하지 않는다.' '전경련 회장을 맡지 않는다.'이다. 오로지 자동차 산업을 전문기업으로 키워나가겠다는 의지를 보인 것이다.

Part 5
경영자의 철학 산책길

1. 처음처럼
2. 경영자의 늪
3. 합리적인 경영
4. 사회공헌
5. 독창성 경영
6. 건강 경영

1. 처음처럼

경영의 길은 순탄하지 않다. 기업 주변 환경은 수많은 갈림길이 있으므로 기업을 운영하는 데 경영의 길을 잘못 들어섰으면, 처음 자리로 돌아가야 한다.

그동안 잘 운영되던 회사도 잘못 온 길이라고 판단되면 많은 투자를 하고 수익을 내었던 업종이라도 미래 환경에 적응하지 못할 것으로 판단되면, 그동안 걸어온 길이 잘못되었다는 생각이 들면, 미련 없이 버리고 다시 시작하여야 한다.

처음처럼 다시 시작하는 것이다. 처음 자리에서 다시 시작해야 하는 것은 기업의 근본을 바로 세우며, 기업을 처음 창립할 때의 마음처럼 다시 돌아가게 된다.

지금의 미련을 버리고 처음으로 돌아가 보자.

처음으로 쇠가 만들어졌을 때 세상의 모든 나무들이 두려움에 떨었습니다. 그러자 어느 생각하는 나무가 말했습니다. '두려워할 것 없다. 우리들이 자루가 되어 주지 않는 한 쇠는 결코 우리를 해칠 수 없는 법이다.'(신영복, 1996).

처음 기업을 하면서 참 잘 되었는데 경쟁자가 나타나고 경쟁자가 새로운 서비스와 제품을 출시하여도 두려움에 떨지 말라. 처음처럼 다시 시작해보자.

늘 처음처럼
직장인이라면 처음 입사할 때처럼
다시 처음으로
사업가라면 처음 창업할 때처럼
연인이라면 처음 만났을 때처럼

다시 처음으로 돌아갈 수 있는 마음 자세를 갖추는 철학이 필요하다.

2. 경영자의 늪

기업의 유지와 발전 그리고 성장은 경영자의 능력에 따라 달려 있다고 본다. 사회적, 경제적 변화에 따른 기업의 위기를 제외하고는 경영자의 탁월한 능력이 경영을 좌우하게 된다.

또한, 경제가 불황이라고 하더라도 경영자의 탁월한 판단과 선택은 불황도 헤쳐나갈 수 있다고 본다. 따라서 경영자가 누구인가에 따라 기업의 성장에 중요한 역할을 한다. 예로 애플의 스티브 잡스는 불황에 많은 기업이 구조조정을 실행하는 것은 그 시기에 적정한 경영정책일 수 있으나 스티브 잡스는 다른 길을 선택한다. 스티브 잡스가 선택한 경영정책은 위대한 제품을 지속해서 개발하고 고객의 마음을 사로잡는다면 소비자들은 기꺼이 지갑을 열 것이라고 스티브 잡스는 믿고 있었다.

여기서 말하는 경영자의 능력은 무엇인가?

경영자가 빠지기 쉬운 약점을 찾아보면 경영자의 능력을 파악할 수 있다.

쉽게 빠지기 쉬운 경영자의 약점으로는 비현실적인 우월감과 허영심 그리고 과거에 성공한 자기 찬양과 자신의 기술이나 재능에 대한 망상으로 경영환경이 변화되고 기술이 발달하였는데도 환경을 파악하지 못하고 과거 자신만의 손기술에 대한 망상에 빠지기 쉽다. 이러한 망상은 한 건 올리면 반드시 다시 살아날 수 있다는 망상으로 시간이 지날수록 경영은 악화하여 경영의 건전성을 잃게 된다.

따라서 경영자의 능력은 자성과 자정의 순기능 회복이 필요하다. 허황한 상상 속을 벗어 날 때 경영자는 살아남을 수 있는 길을 찾을 수 있다.

경영자는 고객과 종업원과 신뢰가 중요하다. 신뢰가 파괴되면 모든 것을 잃게 된다.

경영자가 가능성이 있다고 판단된 사업이라면 조직의 상하 직원간의 신뢰를 쌓고 차별화된 전문적 장점을 찾아서 현실을 극복하고 목표를 설정하여 목표를 달성하기 위하여 사활을 걸어야 한다.

경영자는 위기를 관리 할 수 있어야 한다.

위기관리는 문제를 발굴하는 데서 그 해법을 찾을 수 있다. 문제점을 알면 해결방법은 아주 쉽게 찾아낼 수 있다. 따라서 경영자는 문제를 발굴할 수 있는 능력을 갖추어야 한다.

경영자의 늪은 과거에 빠져서 현실을 잊어버리는 것으로 지난 과거에 번창했던 사업은 과거의 영광으로 돌려야 한다.

현재는 창업 초기의 마음으로 다시 돌아가야 한다.

또한, 경영자는 무엇이 문제인가를 찾아내는 능력이 필요하다. 경영자뿐만 아니라 누구나 문제를 발견하는 안목을 갖추어야 한다. 항상 문제의식을 가지고 업무에 임하는 철학이 있어야 한다.

직원의 열정이 불타오르는가?

회사에서 가장 열정적으로 일하는 사람은 대표[사장]이다. 경영자[사장]는 회사를 키우기 위하여 열정적으로 일한다. 그러나 직원은 열정적이지 않다. 경영자[사장]가 직원에게 공동체 의식을 강조하고 열정을 불러일으켜도 직원은 움직이려고 하지 않는 것은 회사 소유는 사장의 것이라는 인식 때문이다. 따라서 직원에게 급여 이상의 열정을 기대하지 않게 된다.

직원은 더 많은 보수를 받으려고 공로를 독차지하여 자신의 성과를 올리려고 한다.

성과급을 혼자 독차지하고 싶기 때문이다.

이런 직원은 동료를 험담하고 자신만이 최고인 것처럼 사장 앞에서 자신을 돋보이려고 한다.

또한, 동료의 약점을 캐어내어 밝혀서 자신이 최고인 것처럼 보이게 한다.

그래서 뛰어난 직원의 업적은 성과급으로 보상하게 되므로 경영자는 우수한 직원을 뽑아 지도력[리더십]을 발휘하여 이끌고 나가려고 한다. 경영자는 조직을 이끌기 위하여 비전을 제시하고 동기부여를 통하여 조직을 장악하려고 한다. 이는 경영자의 뜨거운 열정으로 이끌고 나간다.

그러나 경영자에게는 회사가 인생의 전부이지만 종업원은 직장은 생계유지의 수단으로 볼 수밖에 없다. 생계유지를 위하여 조금이라도 더 급여를 받기를 원하고 성과급을 받기 위하여 능력이 부족한 종업원은 동료를 끌어 내리고 내가 올라가려고 한다.

생계유지 수단의 직장에서 과연 종업원이 열정을 쏟아부을까?

종업원 개인의 욕심으로 일과 후의 가족과 삶을 위하여 출근하고 일한다는 종업원이 대다수일 것이다.

또한, 경영자나 중간 관리층이 직장에서 열정적으로 일하라고 강요 할 수 있는가?

직원의 삶을 회사가 강요 할 수 있는가?

종업원의 80%는 위와 같은 생각으로 직장에 다니고 있다. 특히, 계약직 직원에게 열정을 강요해도 따라 주지 않는 이유이다.

왜?

계약직은 미래의 장래성[비전]이 없기 때문이다.

단지 성과급(예로 10명 중 상위 3명은 10% 더 주고 하위 3명은 10%를 차감)을 차등하여 준다고 하면 계약직은 더 열정적으로 할까?

아니다.

내가 상위 3명에 들기 위하여 충성을 맹세하지만, 열정으로 일하겠다는 충성이 아니라 맹목적 충성을 한다. 그러니 계약직끼리 싸우고 헐뜯고 약점을 파헤쳐서 끌어 내리려는 행동을 한다.

이는 계약직이 많은 조직일수록 더 심하게 나타난다.

커피 한 잔을 마실 여유를 주면서 일하게 하는 것도 직원의 열정을 높이는 방법이다. 그러나 계약직은 그럴만한 여유가 없다. 상사와 동료의 눈치를 보아야 하기에 근무시간에 커피 한 잔의 여유를 즐길 수 있는 맘의 여유와 공간이 없다.

커피 한잔 마시려고 해도 종이컵 소모가 많으니 종이컵 아끼라고 명령하면서 개인 컵을 사용하라고 한다면 더욱이 한잔의 여유는 마음속에서 사라지게 될 것이다. 커피 한 잔의 여유도 없는 조직에서 열정적으로 일할 수 있는가?

정년이 보장되고 퇴직금이 보장되는 정규직원은 커피 한 잔을 마시고 다과를 즐길 수 있는 여유를 제공하여 열정을 끌어내지만, 눈치 보면서 마시는 커피잔에서 열정은 분노로 변해간다.

12시가 점심시간이면 11시 30분에 점심 먹으러 나가서 1시 30분에 여유 있게 들어오는 과장님, 실장님 아래서 일하는 계약직원은 점심시간을 이용해서 병원이나 은행이라도 가려면 시간이 부족하여 1시간 휴가계(일반적으로 연차휴가)를 작성하고 갔다 와야 하는 비정규직에게 열정을 바란다면 경영자의 판단 착오이다.

직원의 열정을 높이는 방법으로 다음과 같은 것이 있다(폴 마르시아노, 2013).

1. 업무에 관한 새로운 아이디어를 제시한다.
2. 업무에 열정과 의욕을 보인다.
3. 일을 주도적으로 처리한다.
4. 자신과 동료의 능력 향상과 회사 발전을 위해 적극적으로 노력한다.
5. 목표와 기대 수준을 항상 뛰어넘는다.
6. 매사에 호기심이 많고 자주 질문을 한다.
7. 동료를 격려하고 지지해준다.
8. 긍정적이고 낙관적인 태도를 보인다.
9. 밝은 표정을 가진다.
10. 어려움을 극복하고 업무에 집중하는 끈기가 있다.
11. 조직에 헌신한다.

경영자라면 직원의 열정을 높이는 경영철학을 다시금 생각해보아야 할 것이다. 물론 최고 경영자뿐만 아니라 관리자 그리고 종업원 모두에게 해당한다.

의사결정을 못 하는 경영자는 기회가 없다.

현대 경영환경은 매우 복잡하게 변화되어 가고 있다. 이런 변화되는 경영환경에서 경영자의 의사결정이 잘 못 될 수 있다. 결과를 보면 왜 저런 의사결정을 하였는가? 하며 후회하거나 사업이 실패하기도 한다.

경영자의 잘못된 의사결정은 기업에 치명적 약점을 가져다준다.

경영자의 의사결정 능력은 정보의 질에 좌우되어 수많은 정보의 홍수 속에서 양질의 정보를 찾아내는 것이 경영자의 의사결정에 큰 역할을 한다. 수많은 정보 중에는 가짜 정보도 있고 과장된 정보 등 다양한 현실과 어긋난 정보나 정보를 제공하는 사람이 자신의 우월감을 나타내기 위하여 가상의 정보를 만들어 내기도 한다.

또한, 인공지능AI : artificial intelligence이 많은 정보를 제공하여 주기도 한다. 그러나 인공지능이 기계란 것을 잊지 말아야 한다.

결정은 사람이 하여야 한다.

여기서 정보를 말하는 것은 도서관에 가서 책을 뒤지라는 것은 아니다. 바쁜 일과를 보내는 경영자에게 도서관에 가서 오래된 전공서적을 뒤적이라고 권하지는 않겠다. 그러나 일과 기업에 관련된 중요한 의사결정은 과거 기업의 데이터[자료]를 연구하여 불확실한 미래를 연구하면 전문가 의사결정에 큰 도움이 될 것이다.

이는 의사결정을 위하여 세계를 바라보는 마음의 눈을 키워나가야 할 것이다.

경영자의 잘못된 의사결정 방법이 선입견과 순간적인 판단이다. 그리고 잘못된 가정[가설]이 의사결정을 실패로 만든다. 이는 자료의 문제가 아니라 경영자의 편향된 생각이 의사결정을 실패로 만들 수 있다. 이는 모든 관점에서 관찰하여야 하는 것으로 데이터나 자료를 한쪽만 보고 판단하면 객관성을 잃게 된다.

경영자가 높은 위험의 의사결정을 할 때는 시간과 주의가 필요하다. 성급하게 의사결정을 내리면 후회할 수도 있다. 따라서 기업의 미래 사활이 걸린 의사결정이라면 충분한 시간을 가지고 생각해야 한다. 이러한 통찰력은 많은 정보를 수집해서 내릴 수 있는 것이 아니다. 현대의 정주영 회장은 미래를 보는 통찰력으로 새로운 도전을 하였듯이 경영자의 두뇌에서 나온다.

의사결정을 하기 전에 전략적 멈춤을 하여 재빨리 속도를 줄이는 계산된 멈춤을 하여보자. 그리고 다시 속도를 높이는 전략이다.

생각은 깊게 하고 의사결정은 빨리하는 경영철학이 필요하다.

3. 합리적인 경영

당신이 경영자라면 아직도 관료주의 타성에 빠져있지는 않은지 다시 돌아보고 합리적으로 경영하여야 한다.

관료주의는 계층이나 권력의 관점에서 본 개인의 지위로서 직속 상사는 직속 부하에 대하여 권력을 갖게 되는데 부하는 직속 상사의 명령을 수용하지 않으면 안 된다. 따라서 명령 통일의 원칙이 적용되며, 관료주의는 비인간적 관리의 특성을 보인다.

만약 당신이 경영자라면 이러한 비인간적 경영방식에 빠져있는지 다시금 돌아보아야 하겠다. 이는 합리적 경영의 길로 가는 경영철학의 지침이다.

간소한 조직 운영

지금도 방대한 조직을 운영하면 경영자나 대표의 지위가 높아진다고 생각한다. 조직이 커지면 인력의 낭비가 생기면서 업무가 더 복잡해지기 시작한다. 이는 여유 인력이 자신의 업무 영역을 확보하기 위하여 업무를 세분화하고 필요하지 않은 업무를 추가로 만들기 때문이다. 보이지 않는 손실이 발생하는데 이는 금액으로 환산할 수 없는 비효율적 구조이다. 따라서 조직은 양면적 구조를 가지고 분리하고 통합하고 간소화하는 것이 경영자 철학이 되어야 한다.

조직 구조의 양면성은 조직을 구조적으로 분리하여 양면성을 갖게 하는 것으로 기업의 조직 혁신을 효과적으로 추진하기 위하여 필요한 구조이다. 이러한 조직이 필요한 것은 미래 기회의 발굴과 선점을 위한 조직 구조이다. 양면적 조직 구조는 기존의 조직을 분리해 복수의 조직으로 운영하는 방법이다.

또한, 한 사업부 내에서 한 그룹은 유기적 구조의 형태를 가져가고, 다른 한 그룹은 기계적 구조의 형태로 업무를 분할[task partitioning] 방식도 구조적 양면성 조직이다.

또한, 대기업에서 신규사업 개발을 위하여 기존 조직에서 별도로 특별 조직을 구성하여 독립적으로 운영하는 방법이다.

따라서 조직을 간소화하라는 것은 조직의 깊이를 줄이고 수평화하면서 정예 조직원을 찾아서 작은 특수조직을 운영하는 방법도 경영자가 기업을 운영하는데 좋은 철학을 제시할 수 있다.

인재 존중

종업원의 자긍심과 자존감을 높이는 방법으로 직장 내 존중 문화가 있어야 한다. 안정된 조직은 서로 간 존중심이 살아 있으며, 이러한 존중 문화가 살아 있는 회사는 급여가 적어도 이직률이 낮고 직원교육훈련비용이 적게 들어간다. 많은 직장인이 회사가 자신의 자존감을 상하게 할 때 회사를 그만둔다는 것을 명심해야 한다.

특히, 회사 동료나 경영자가 자신을 무시한다고 생각할 때 회사를 떠난다는 것을 경영자는 마음속에 가지고 있어야 한다. 반대로 내가 존경받고 정당한 대우를 받는다고 생각하면 충성하는 직원이 된다.

도요타 자동차는 상사의 업무 중 50%는 부하직원 양성에 있다고 한다. 이렇듯 유능한 인재를 양성하고 존중하는 기업은 위기에서도 살아남을 수 있다.

따라서 경영자의 철학으로 직원을 존중하는 경영자, 인재를 존중하는 경영자가 되어야 한다. 직원을 머슴으로 취급하는 경영자가 있다면 그 회사의 인재는 항상 회사를 떠날 준비를 하고 있을 것이다. 회사를 떠날 준비를 하는 인재가 회사를 위하여 무엇을 할까? 생각해 보아야 한다.

인재를 존중하는 경영자의 철학은 영원할 것이다.

책임은 경영자가 진다.

경영 현장에서 발생한 문제의 책임을 부하에게 묻는다면 문제가 커지게 된다. 부하직원은 책임을 회피하려고 공격적이고 과감한 일을 시도하려 하지 않는다. 즉, 신규사업이나 신제품 그리고 미래에 대한 투자를 꺼리게 된다.

현상 유지에 급급하게 된다.

기업조직에는 권한과 책임 그리고 의무가 따른다. 이 세 가지 요소의 상호관계는 규정이나 절차, 제도 또는 조직도 등에 따라 규정된다.

우리 회사는 권한과 책임 그리고 의무가 어떻게 배분되었는지 살펴보아야 한다. 일반적으로 하위 직급으로 갈수록 권한은 없고 책임과 의무가 더 많은 구조가 되어 있다.

결과적으로 나는 말단 사원으로 또는 나는 계약직인데 왜 일은 많고 시키는 것은 많으면서 잘못되면 나한테 책임이 오느냐는 불평을 낳게 된다.

불평이 있는 직원은 존경받지 못하는 직원이 된다. 많은 책임과 의무는 불만을 낳게 되고 이런 직원은 업무를 축소하려고 하고 말썽만 없게 은폐하려고 한다. 절대 새로운 일을 찾아 나서지 않는다.

경영자는 직원에게 책임을 묻기 전에 직원의 모든 책임이 경영자 또는 상사에게 있다는 경영철학을 명심하여야 한다. 직원의 잘못된 결정으로 회사가 손실을 보았다면 그 책임은 직원에게 있는 것이 아니라 상사 또는 경영자에게도 있다는 철학을 잊어서는 안 된다.

만약 모든 책임을 직원에게 떠넘긴다면 그 직원을 절대로 회사 발전을 위하여 일하려 하지 않고 보신주의 타성에 빠지게 된다. 즉, 돈 준 만큼만 일한다는 사고에 빠지게 된다.

경영현장에서 신제품이나 경영혁신을 추진하다가 실패를 하였다면 그 책임은 누구에게 있는가?

제품 개발에 실패를 하였다면 누가 손가락질하는가?

만약 실패를 하였다고 경영자가 개발자를 몰아세운다면 다음부터 그 개발자는 두려움 때문에 개발을 꺼리게 되고 현실 위주로 보신주의 정책을 펼쳐 나갈 것이다. 특히 개발에 실패하였다고 개발자를 손가락질하는 사람들은 경영자가 아니라 조직원으로 아이디어를 내지 않고 개발에 참여하지도 않고 창의력도 없는 보신위주의 동료들이 실패를 험담하게 된다.

똥 묻은 개가 재 묻은 개를 나무란다는 우리 옛말이 경영 현장에서 나타나고 있다. 아무것도 하지도 도전도 하지 않는 종업원이 도전하여 실패한 종업원을 뒤에서 모략하는 기업문화가 있다.

종업원이 실패를 두려워하지 않는 경영철학이 필요하다. 모든 책임은 경영자가 지고 종업원은 과감하게 업무를 추진하게 하는 경영자의 철학이 요구된다.

4. 사회공헌

기업을 왜 하는가?

돈벌이를 위해서?

경영 용어로는 이익 창출로서 당연히 기업은 이익을 창출하여야 한다. 기업의 이익 창출은 사회적 책임 중의 하나이다.

경영자라면 이익을 창출하여 그 이익을 어떻게 할 것인가에 대하여 생각해보아야 한다.

만약 이익을 창출하여 자식에게 주겠다면 다시 한번 생각해봐야 할 것이다. 세계적으로 성공한 기업가들은 이익을 사회에 환원하고 있다. 우리나라에도 많은 기업가가 사회 환원은 물론 취약계층이나 직원의 복지에 아끼지 않고 투자하는 경영철학이 퍼져 나가고 있다.

기업의 사회적 책임, 사회공헌은 꼭 필요한가?

여기서 필자는 기업이 영속하려면 사회공헌에 힘써야 한다고 강조하고 싶다.

사회공헌 또는 사회적 책임이란 무엇인가?

기업의 사회적 책임은 경제적, 법적, 윤리적, 자선적 책임을 모두 포함한다고 보고 있다. 이는 기업이 당연히 지켜야 할 책임이며 철학의 근본이다.

또한, 사회공헌은 박애주의, 자선 주의라는 의미로 대규모 공익사업을 말하는 포괄적 의미이다. 기업의 사회공헌이란 민간차원에서 사회문제 해결을 추진하는 것은 물론 삶의 질을 향상하기 위해 추진하는 비영리적인 행위를 포함한다.

기업의 사회공헌활동은 사회적 존재로서 기업이 수행해야 할 책임 중에 사회문제 해결이나 문화 활동에 대한 지원 등 기업의 고유 활동과 무관한 여러 분야에서 자발적으로 사회발전에 이바지하고자 하는 제 활동이다. 전술한 기업의 사회적 책임 중에서 수탁자 책임에 속하는 윤리적 책임과 자선적 책임이 적극적 의미에서 기업의 사회공헌활동이다(김만종, 2006).

당신이 경영자라면 기업의 이익을 자식에게 물려주지 말고 사회를 위하여 헌신한다는 경영철학을 갖추고 기업을 경영하는 것이 현명한 판단일 것이다.

기업의 이익을 사회에 환원하면 고객은 더 많은 수요를 창출하게 되고 기업의 이미지는 높아지면서 종업원의 자긍심은 향상되고 충성심을 끌어낼 수 있다. 예로 마이크로 소프트의 빌 게이츠를 보자. 빌 게이츠가 많은 이익을 창출하였다고 사회가 빌 게이츠를 욕하는 사람은 없다. 그 이유는 그만큼 사회에 환원하고 사회적 책임을 하고 있기 때문이다.

5. 독창성 경영

당신의 회사는 무엇이 독특한가?

경쟁기업과 무엇이 다른가?

독창성은 있는가?

제품의 독창성, 경영의 독창성, 서비스의 독창성, 조직의 독창성, 종업원의 독창성은 무엇인가?

당신이 경영자라면 종업원에게 말로만 독창성을 발휘하라고 주문하고 있는지 돌아보자.

독창성이 말로만 해서는 나오는 것이 아니다.

독창적 아이디어는 많은 양의 아이디어 중에서 찾아낼 수 있다. 유명한 작곡가나 화가를 보면 많은 작품을 만들어 내는 과정에서 독창적 작품이 나온다. 기업도 많은 아이디어를 발굴하여 그중에서 독창적 아이디어를 선택하는 것이 경영자의 철학이다.

대단한 아이디어를 생각한다고 몇 개의 아이디어를 놓고 고민하고 다듬다 보면 실패의 길로 갈 수 있다.

경영철학도 많은 아이디어를 창조하고 그중에서 골라보는 것이 어떠할까?

종업원의 마음을 뜨겁게 달구는 경영철학을 개발하고 머리를 냉철하게 하여야 독창적 아이디어가 나올 수 있다.

독창성 또는 창의력을 말로만 하는 경영자는 없는가?

독창성은 말로만 해서 되는 것이 아니라 기업의 철학으로 담겨있어야 한다.

6. 건강 경영

우리는 누구나 오래 살기를 원한다. 아무리 많은 부와 명예를 얻어도 이 세상을 떠날 때는 아무것도 가지고 갈 게 없다.

고전에 재물을 잃으면 적게 잃은 것이요. 명예를 잃으면 많은 것을 잃은 것이요. 건강을 잃으면 모든 것을 잃은 것이라고 했다. 성공한 기업가로 많은 부와 명예를 얻고도 건강을 잃어서 생명을 잃게 되면 무슨 소용이 있겠는가?

당신이 성공한 경영자로서 세상의 사람들이 당신을 볼 때 전형적인 성공한 경영자로서 볼 수 있지만, 만약 당신이 성공한 경영자에서 병상에 누워서 마지막 죽음을 기다리며 숨 쉬는 소리조차 느낄 수 없는 상태라면 당신이 그동안 얻은 것은 무엇이었던가?

경영자라면 자신의 건강을 지켜야 한다.

생명의 존엄성과 소중함을 알아야 한다. 그 무엇과도 바꿀 수 없는 것이 생명이다.

자신의 생명도 중요하지만, 종업원의 생명을 지키고 고객의 생명을 지키는 경영철학이 요구된다.

Part 6
직장인 경영철학 산책

1. 직장생활 철학
2. 우등생보다는 창의력
3. 긴장을 풀고 일을 즐기는 철학
4. 이윤으로 무엇을 할 것인가?
5. 개인의 욕심[사심]은 화를 부른다

1. 직장생활 철학

직장인의 성공을 가로막는 요소를 요약하면 다음과 같다. 따라서 직장인 철학으로 삼고 피해야 할 일이다.

1) 개인에게 불리하면 거짓말을 하고 허위보고한다.

인간은 누구나 거짓말을 하게 된다. 나를 보호하기 위해서 거짓말을 하거나 업무의 중요성을 알고 나 자신이 잘못된 결과에 휘말리지 않기 위하여 종종 거짓말을 하거나 과장하거나 축소하기도 한다. 직장에서 허위보고, 과장이나 축소보고, 거짓말을 하는 이유는 현재 상황에 직면하여 업무에 자신이 없기 때문이다. 거짓말을 하는 직장인은 자신의 권위나 능력이 올라가리라고 생각하는 데 이와는 반대이다. 점점 권위나 능력, 신용이 내려가는 것을 명심해야 한다.

따라서 직장에서 거짓말을 자주 하게 된다면 지금 업무에서 내가 두려워하는 것이 무엇인지 파악해야 한다. 직장에서의 두려움부터 찾아보고 이를 해결할 수 있어야 참된 직장인이 될 수 있다.

2) 자주 화를 낸다.

직장은 전문가들의 집단으로 개개인이 맡은 일에 모두가 전문가이다. 이런 전문가들이 모인 곳이 사무실로 사무실에서 업무를 추진하는 동안 수많은 감정의 변화가 일어나는 데 이런 감정의 변화를 모두 발산하고 표현할 수 없게 된다. 만약 감정 변화를 모두 표출한다면 동료들이 버티지 못할 것이다.

감정의 변화를 자제하지 못하는 상사는 언어 폭력적 상사가 되거나 기피 인물이 될 수 있다. 자신을 자제하지 못하는 직장인은 따돌림의 대상이 된다.

직장에서 화를 내거나 소리를 지르거나 분노를 표출하는 직장인은 자신이 얻는 것보다 잃는 것이 더 많게 된다. 화를 내면 자신의 자존심이 상승할 것이라고 생각하는 데 화를 내는 상사를 보고 있는 부하직원은 상사의 자존심으로 보지를 않는다는 것이다.

3) 불평, 불만으로 가득 찬 직장인

직장에서 '이 회사 빨리 떠나야지'하고 입에 달고 다니는 직장인을 볼 수 있다.

이런 말을 듣는 동료는 어떻게 생각할까?

어렵게 직장을 잡아서 회사에 몸담고 충성하고 정년까지 회사에 근무하려고 마음먹고 일하는 동료는 불평하는 동료를 어떤 시선으로 볼까?

당연히 직장은 내 맘과 같지 않을 수 있다. 따라서 불평을 할 수도 있다. 그러나 나의 불평이 다른 동료의 불평과 같을 수는 없다. 공감을 얻을 수 없는 불평이 대다수이다.

불만족한 감정을 표현하는 다른 좋은 방법이 있다.
따라서 불평보다는 직장에서 나의 성장에 관해서 이야기하면 동료는 좋은 조언을 해 줄 것이며 동료로서의 친밀감을 보여 줄 것이다.

2. 우등생보다는 창의력

우리의 교육은 모두가 우등생이 되는 교육에 집착하여 우등생만이 사회에서 살아남는 교육문화가 번져가고 있다.

과연 우리 사회가 우등생만 존재하는 사회인가?

좋은 대학에 못 가는 사람은 사회에 적응 못 하고 취업도 못 하는 사회인가?

만약 기업에서 우등생만 선호한다면 우리 사회나 경제 그리고 기업이 유지될까?

서울의 유명대학을 나오면 좋은 회사에 취업하고 경제적으로 여유로운 삶을 누리는 사회인가?

우등생만 존재한다면 경제는, 사회는, 기업은 누가 이끌고 나갈까?

기업이 원하는 사람은 우등생이 아니라 창의력 있는 인재를 원한다. 그러나 신입사원 지원서를 보면 창의력을 찾아보기 힘들다. 높은 토익 점수를 자랑하고, 봉사활동 점수를 자랑하는 이력서가 일반적이다.

이력서에서 창의력을 찾아보기 어려우니 인사담당자도 대학의 서열대로 인재를 채용하게 되는 것이다.

우등생보다는 창의력이 기업이 원하는 인재이다.

따라서 대학에서 창의 융합경영 등 교육과정을 바꿔 나가고 있다.

기업의 대표 역시 우등생보다는 창의력 있는 인재를 찾고 있다.

창의 융합경영형 인재는 창의성, 토론능력, 자신감, 지도력[리더십] 등을 겸비한 인재로서 전공과목은 물론 다양한 교양과목을 공부하고 전공과 연계되는 타 전공도 함께 공부하여야 한다.

기업의 인재는 한 분야에 전문가가 되어야 하지만 한 분야의 전문가가 되려면 다양한 분야도 공부하여야 한다.

기업이 원하는 창의성 있는 인재는 유연성, 유창성, 정교성, 탐구력, 도전정신 등으로 이는 하루아침에 이루어지는 것이 아니라 지속적인 자기개발과 노력의 결과이다.

머리가 나쁘다고, 지방대학을 졸업하였다고, 대학을 졸업하지 않았다고 도전 목표를 포기할 필요는 없다.

좋은 인재를 선발하는 것이 경영자의 철학으로 기업이 성장하는 지름길이다.

좋은 인재는 우등생이 아니라 창의력 있는 사람이다.

3. 긴장을 풀고 일을 즐기는 철학

당신은 왜 회사에 다니는가?
나는 왜 일을 하는가?
내가 하는 일은 즐거운가?

직장인이라면 자신에게 질문하는 하나이다.

나는 언제까지 이 회사에 다녀야 하는가? 어떤 사람은 입사와 동시에 회사를 떠난다는 한 친구는 아직도 그 회사에 다니고 있다.

왜 직장을 다녀야 하는가?

이유는 하나이다.

살기 위해서, 가족을 위해서 나의 희생이라고 할 수 있다.

그럼 당신이 하는 일은 즐거운가?

즐겁게 일한다면 회사를 떠나고 싶지 않을 것이다.

당신이 회사에서 항상 긴장하고 일을 한다면 당신의 일은 절대 즐겁지가 않을 것이다.

하루하루 긴장된 속에서 일한다면 엄청난 스트레스가 쌓일 것이다.

긴장 속에서 일은 업무 성과도 오르지 않고 상사의 눈치만 보면서 오직 실수하지 않고 오늘도 상사에게 깨지지 않고 무사히 넘어가길 바라는 맘으로 일하게 된다.

이런 직장은 생명을 단축하는 직장 생활이다.

만약 당신이 긴장 속에서 직장생활을 한다면 긴장을 풀어 보아라.

여유를 가져보아라.

일을 즐겨야 한다.

삶의 여유가 없이 오직 회사만을 위한다면 즐기는 직장 생활이 될까?

여유를 찾아보자. 앞만 보고 달려온 직장인이라면 잠시 여유를 가져보자.

긴장을 풀고 업무에 임해보자는 것이다.

직장인이라면 긴장을 풀고 일하는 철학을 만들어야 한다.

나의 경쟁자는 누구인가?

지금 누구와 경쟁하고 있는가?

우리는 뒤처지지 않으려고 경쟁의 세계에서 살아가고 있다. 이런 경쟁의 대상이 나를 둘러싸고 있는 모든 사람이 경쟁의 상대이며, 이들을 이기는 것만이 나의 직장이 보장되고 승진이 되고 더 많은 보수를 받을 수 있다는 강박 관념에서 매일 스트레스에 묻혀 살고 있다. 이러한 과도한 경쟁은 나에게는 강력한 독성을 나타낸다.

경쟁 대상은 남이 아니라 나이다. 경쟁의 대상이 남이라면 우리는 사소한 것까지 남과 비교하고 목표를 남과 비교하여 세우게 된다.

직장 생활은 자신과 싸움이지 남과의 싸움이 아니다.

나와 싸워 최대의 성과를 내는 것이 직장에서의 경쟁이다. 또한, 우리가 말하는 나와의 경쟁은 어제보다 오늘을 더 멋지게 살려고 노력하는 것으로 나의 경쟁은 어제 보다 오늘의 삶이다.

곧 고통이 나의 경쟁자이다.

경영자나 직장인의 경쟁 철학은 나와의 경쟁이다.

플라톤의 철학에서와 같이 '인간의 최대 승리는 내가 나를 이기는 것이다.' 나와 싸워 승리한다는 철학을 가져보자.

4. 이윤으로 무엇을 할 것인가?

기업을 운영하여 이윤을 창출한다면 그 이윤으로 무엇을 할 것인가?

만약 당신의 사치스러운 생활을 위하여 기업을 운영하고 일을 한다면 다시 처음으로 돌아가야 한다.

열심히 직장 생활하고 경쟁에서 최고 위치에 왜 오르려고 하는가?

명예와 부[돈]를 얻기 위한 수단일 수도 있다. 그럼 이렇게 얻은 부를 당신의 사치스러운 생활에 사용하겠다면 다시 처음으로 돌아가야 한다.

국내 K 항공사 가족은 기업의 이윤으로 세계 명품을 관세도 내지 않고 밀수입하여 사치에 활용하였다는 뉴스를 볼 때 과연 철학이 있는 경영자로 살아왔는가? 다시금 물어보고 싶다.

직장인이든, 경영자이든, 기업가이든, 노력하여 얻는 부를 사치에 사용한다면 실패한 자신, 실패한 경영자, 철학이 없는 경영자로 전락하게 된다.

철학이 있는 경영자, 직장인이라면 사치에 투자하지 않는 경영철학이 있어야 한다.

현대 정주영 회장은 자신의 사치에 돈을 쓰지 않는다는 경영철학이 몸에 배어 있다. 배부르지 않은 커피를 왜 마시느냐고 직원을 혼내는 사치를 위하여 낭비하지 않는다는 경영철학이 현대를 만들 수 있었다.

5. 개인의 욕심사심은 화를 부른다

탐부순재貪夫殉財란 한자성어가 있다. 탐부순재는 탐욕스러운 사람은 재물에 목숨을 버린다는 뜻으로 재물에 탐욕이 많은 사람은 재물을 얻기 위하여 위험에 목숨을 걸어 목숨을 잃을 수도 있다는 뜻이다.

조직폭력배는 재물을 얻기 위하여 목숨을 걸고 싸우기도 한다. 그러나 기업가는 이윤을 얻기 위하여 목숨을 걸지는 말아야 한다. 만약 목숨을 걸고 이윤을 얻겠다고 한다면 조직폭력배나 다름이 없다.

또한, 남의 목숨을 삼켜가면서 이윤을 얻고자 한다면 조직폭력배와 무엇이 다른가? 고객의 생명을 담보하는 제품을 만들어 이윤을 얻는다면 당신은 조직폭력배와 다름이 없다.

경영에서 너무나 많은 탐욕을 보이면 손실이 더 크다는 것을 명심해야 한다. 탐욕이 크면 부정을 저지르게 되어 있다. 탐욕을 위하여 회계 부정을 저지르고, 목숨을 앗아가는 제품을 만들고, 종업원은 직업병을 얻어 평생을 장애로 살아가던가. 목숨을 잃게 되는 산업 현장을 볼 수 있다.

종업원의 목숨을 담보로 이윤을 얻겠다는 탐욕을 부리는 경영자는 우리 사회에서 퇴출당하여야 한다.

수많은 산업재해 사고 중에서 기업가의 탐욕 때문에 발생하는 산업재해 사고도 많이 있다. 반도체 공장에서 젊은 여직원이 직업병으로 백혈병을 얻어 세상을 떠났다는 소식이 전해질 때 경영자는 무엇을 하였는가? 수십조 원의 이익을 내고 종업원의 복지를 강조하지만, 목숨을 잃고 세상을 떠난 이들은 경영자의 탐욕이 원망스럽기도 할 것이다.

'탐욕은 화를 부른다.'라는 경영철학을 명심하여야 하며, 탐욕은 부정을 저지르는 지름길이 되고 탐욕은 경영자의 판단을 흐리게 한다.

경영 현장에서의 탐욕은 버려야 할 자세이다.

삼풍백화점 붕괴사고(1995년)[4], 성수대교 붕괴 사고(1994년)[5], 세월호 침몰 사고(2014년)[6]는 기업가의 탐욕이 많은 생명을 죽음으로 몰아간 대표적 인재이다.

개인 또한 마찬가지이다.

직장에서 종업의 탐욕은 부조리를 만들게 되고 경쟁자를 시기하고 헐뜯고 약점을 찾아내는 데 혈안이 된다.

'인간의 욕심은 끝이 없고 같은 실수를 반복한다.'는 인터넷 공간에 떠도는 말이 있다. 인간의 욕심은 끝이 없는 것은 사실이다. 경영자 또한 인간으로 욕심의 끝은 보이지 않는다. 이윤을 얻기 위하여 더 큰 기업으로 확장해 나가고 더 넓은 시장을 확보하기 위하여 세계를 누비게 된다.

---

4) 1995년 6월 29일 5시 57분에 서울시 서초구 서초동에 있는 삼풍백화점이 외부의 충격 없이 건물이 완전히 붕괴하여 무너져 내린 사건으로 502명이 사망하고 937명이 다쳤다.

5) 성수대교 붕괴사고는 1994년 10월 21일 서울특별시의 한강에 있는 성수대교의 상부 트러스가 무너져 내려 일어난 사고다. 이 사고로 17명이 다치고 32명이 사망하여 총 49명의 사상자를 냈다.

6) 세월호 침몰 사고 2014년 4월 16일 오전 여객선 세월호가 전복되어 침몰한 사고이다. 시신 미수습자 9명을 포함한 304명이 사망하였다.

그러나 욕심도 잠시 쉬어가면서 정도를 걸어가고 있나 살펴보아야 한다. 큰 욕심은 경영의 정도를 벗어날 수 있기 때문이다.

욕심의 끝은 보이지 않고 우리는 그 욕심을 위하여 목숨을 담보하기도 한다. 작은 욕심을 채우기 위하여 작은 부조리를 저지르고 그 부조리는 눈덩이처럼 불어나게 된다. 끝없는 욕심의 길은 내가 지금 부정한 방법으로 이윤을 찾아다니고 있는지에 대하여 무감각하게 된다.

부정은 부정을 만들고 욕심은 욕심을 만든다.

탐욕은 목숨을 잃게 되기도 한다.

Part 7
인재 경영철학의 산책

1. 흑자를 내고 고용을 유지
2. 충성과 아부의 구별
3. 직원 스스로 생각하고 해결하게 한다
4. 칭찬은 고래도 춤추게 한다
5. 인재를 썩히는 일은 없어야 한다
6. 경영 현장은 전쟁이다
7. 포근하고 넓은 경영자의 마음

1. 흑자를 내고 고용을 유지

근로자는 평생 안정된 직장에서 일하기를 원하고 있다. 고용주는 종업원이 원하는 한 계속 일할 기회를 만들어 주는 것이 기업의 철학이라고 할 수 있다. 이러한 고용 창출은 기업이 성장하여야 고용 창출효과를 나타낼 수 있다. 그러나 경기변동, 산업구조 변화, 기술 혁신 등의 이유로 인력을 감축하거나 사업을 축소 또는 폐업하는 경향도 있다.

따라서 기업은 흑자를 내는 것이 우선의 목표이다. 흑자를 창출하여야 고용도 안정화 할 수 있다.

경영자의 책임은 흑자를 창출하고 고용을 안정시키는 책임이 가장 크다고 할 수 있다. 적자를 내는 기업에서 고용안정 혹은 안정된 직장을 말할 수 없다.

경영자는 정당하게 이윤을 창출하고 종업원의 안정된 직장을 보장하여야 한다는 경영철학을 갖추고 있어야 한다.

채용은 가장 신중하게 한다.

종업원이 필요하면 채용하고 필요 없으면 해고하는 경영자는 경영에서 물러나야 한다. 채용은 처음부터 신중해야 한다. 신중하게 결정하고 고용을 하여야 한다는 경영철학을 명심하여야 한다. 따라서 필요한 인원 이외는 처음부터 채용하지 않는다는 경영방침을 세워야 한다.

사람이 기업의 생명이란 철학을 마음속에 담고 있어야 한다. 기업을 흥하게 하고 망하게 하는 것은 기업의 한두 사람에 의하여 일어난다는 것을 명심해야 한다.

망하는 회사는 비슷한 이유로 망한다. 문제는 회사의 최고 경영자가 회사의 문제를 알지 못한다는 데 있다. 회사 내의 직원들은 회사가 망하는 길로 가고 있다는 것을 정확히 알고 있지만 최고 경영자는 파악하지 못하고 있다는 것이 망하는 원인이다. 또한, 최고 경영자가 종업원의 말을 듣지 않는 기업은 망하는 길로 가는 지름길이다.

특히, 과거에 한 번의 큰 실적으로 성공한 기업은 쉽게 망할 수 있다. 그리고 최고 경영자가 회사 전체의 경영권과 소유권을 쥐고 있다면 쉽게 망할 수 있다. 경영과 소유의 분리는 필수요소로서 경영은 전문경영인에게 맡겨야 한다. 만약 당신이 언론 등에 명성을 얻는 경영자라면 자칫 회사를 망하게 하는 길로 갈 수 있게 만들 수 있다는 것을 명심해야 한다. 명예만을 생각하기에 위험을 감출 수 있기 때문이다.

'장군 한 명이 무능하면 천 명의 군사가 죽는다.'라는 중국 고사가 있다.

'리더경영자 혼자 힘으로 좋은 기업을 그리고 위대한 기업을 만들 수는 없지만, 어떤 리더경영자도 혼자서 회사를 망하게 할 수 있다.'(짐 콜린스, 2001).

최고 경영자의 올바른 눈을 밝혀줄 인재가 기업을 올바른 길로 나가도록 만들어 준다. 따라서 인재를 찾는 데 가장 신중한 의사결정을 하여야 한다. 신중에 신중을 기하여 사람을 찾아야 한다. 경영자의 친구라서 회사에 자리를 만들어 주고 일가친척이라서 자리를 내어준다면 그 회사는 발전이 없게 된다.

2. 충성과 아부의 구별

당신이 경영자라면 충성과 아부를 구분할 수 있는 능력이 있어야 한다.

충성하는 인재는 멀리하고 아부하는 간신은 가까이 두고 싶은 것이 인간의 심리이다.

아부하는 직원은 항상 경영자 가까이 다가가려고 하고 경영자에게 자신의 진심이 아니 듣기 좋은 말로 경영자를 현혹한다.

또한, 자신의 주장을 펼칠 줄 모르고 항상 다른 직원의 잘못을 파헤치며 직원을 흠집 내어 안 좋은 것만 보고한다. 특히 이런 직원은 보고서를 쓸 줄 모르고 말로만 일하고 정확한 상황을 파악하여 대안을 수립하여 보고할 줄을 모른다.

충성하는 직원은 경영자를 멀리서 바라보며 업무에 충실하고 말이 없으나 일은 정확하고 자기주장을 명료하게 펼치며 문제를 파악하여 해결 대안을 작성하고 보고할 줄 안다.

그러나 간신은 어느 조직에나 있게 마련이다. 이러한 간신은 조직에 바이러스처럼 활동하고 있다.

따라서 경영자는 아부와 충성을 명확히 구분하고 아부하는 직원은 멀리하고 충성하는 직원을 가까이 두어야 한다. 그러나 이 두 구분이 안 되면 간신을 가까이 두고 충신을 멀리하게 된다. 이는 역사를 통하여서도 배울 수 있다. 충신은 충성의 목소리를 내어 임금의 길을 올바르게 걷게 하나 임금의 귀에는 거슬리는 소리로 들리기에 귀양을 보내거나 관직을 박탈하기도 하였다.

역사를 통하여 볼 수 있듯 간신은 나라를 망하게 한다는 것을 명심해야 한다.

3. 직원 스스로 생각하고 해결하게 한다

직원이 생각하지 않고 결정하지 못한다면 그 기업은 추락의 길로 갈 수밖에 없다. 그러나 살아남는 방법도 있다. 국가기관의 경우는 직원이 생각하지 않고 의사결정권이 없어도 살아남는다. 규정에 따라 업무를 처리하면 되고 틀에 박혀 있는 업무절차에 따라 일을 하면 충분히 살아남을 수 있다. 그러나 이익을 추구하는 사기업은 직원이 생각하고 의사결정을 하여야 한다.

과거 기업의 기안서에 보면 문제점을 열거하고 해결 대안으로 대안 1), 대안 2), 대안 3)으로 몇 개의 추진안을 기안하여 상사에게 하나를 선택하라고 하기도 하였다. 이는 내가 의사결정을 못 하고 내가 해결할 수 없으니 몇 개 중에 하나를 당신이 선택하여주면 그 방법으로 하겠다는 아주 좁은 의견이다.

아직도 공공조직에는 이런 문화가 남아 있다. 나는 생각하기도 싫고 의사 결정하기도 싫으며 만약 문제가 되면 책임도 지기 싫으니 상사에게 모든 것을 떠넘기는 문화이다. 사소한 비용을 결정하는 것부터 그렇다. 이미 규정에 정해진 비용인데 그 비용을 다시금 상사에게 구두로 물어보고 구두 승낙이 있으면 기안서를 작성하여 결재를 얻고 집행하는 것을 보면 이 조직이 살아남는 이유는 단 하나로 국가기관이기 때문이다. 매년 시행하는 정해진 날짜에 하는 업무도 매번 상사의 결재를 얻고 추진하여야 하며, 한 시간 외출하는 것이나 2~3시간 관내 출장도 최고 의사결정권자의 결재를 얻어야 하는 조직이 살아남는 것은 국민의 세금이 뒷받침해주기 때문이다. 외근 또는 외출은 승낙을 얻고 나가는 것이 당연하지만 최고 의사결정권자의 승낙은 아니다. 담당 상사의 결재를 얻으면 될 것을 모두가 생각하기 싫고 의사결정하기 싫으니까 최고 의사결정권자에게 떠넘기는 행태를 보이는 것이다.

이윤을 추구하는 사기업은 공기업과 다르다. 직원이 생각하고 직원이 결정하게 하여야 한다. 사소한 일까지 의사결정을 하지 못하게 막아두면 기업은 추락의 길로 걷게 된다.

'생각하고 결정하게 하라.'는 경영자의 철학으로 가져가야 한다.

4. 칭찬은 고래도 춤추게 한다

무게 3t이 넘는 범고래의 쇼를 위하여 조련사는 어떻게 범고래를 훈련할까?

'고래 반응whale done response'이라 불리는 범고래 훈련법은 성공적인 인간관계를 위한 훈련법과 다르지 않다. '고래 반응'이란 ① 범고래가 쇼를 멋지게 해냈을 때는 즉각적으로 칭찬하고 ② 실수를 했을 때는 질책하는 대신에 관심을 다른 방향으로 유도하며 ③ 중간마다 계속해서 격려하는 것이 핵심이다(켄 블랜차드 외, 2003).

누구나 인간관계에서 긍정적 관심과 칭찬 그리고 격려가 중요하다. 실제로 가정과 직장의 일상생활에서 다른 사람에 대해 긍정적 관심을 가지고 지속해서 칭찬과 격려를 하는 사람은 드물다. 오히려 우리 삶은 타인에 대한 무관심과 부정적 반응으로 둘러싸여 있다. 잘 생각해보면 우리는 모두 가정과 직장에서 다른 사람들이 일을 잘하고 있을 때는 무관심하다가 잘못된 일이 생겼을 때만 흥분하고 질책한다. 여기서 부정적 반응을 '뒤통수치기 반응'이라고 말한다. 사람들이 실수를 저지를 때 뒤통수를 치듯 반응한다는 의미이다. '뒤통수치기 반응'에 둘러싸인 환경에서는 결코 사람들이 최선을 다하지도 않고 열정을 바치지도 않는다(켄 블랜차드 외, 2003).

칭찬은 직원에 대한 사랑과 존경심의 척도로서 직원들과 원만한 직장생활에서 인간관계를 유지하기 위해서는 칭찬을 많이 해야 한다. 칭찬을 많이 하면 칭찬하는 자신의 표정도 밝아지고 마음의 문도 열게 된다. 따라서 칭찬은 자신을 위한 도구이기도 하다.

부하직원을 칭찬하기 위해서는 자기 자신에게 칭찬할 줄도 알아야 한다. 칭찬은 언어적이거나 비언어적 표현도 포함된다. 또한, 칭찬은 시점이 매우 중요하다. 가장 적절한 시점에 언어적 또는 비언어적 칭찬이 효율적이기 때문이다. 이는 종업원이 칭찬받을 행동을 했을 때 즉시 하는 것이 가장 효율적이며, 자연스럽게 하는 것이 필요하다. 따라서 칭찬을 하기 위한 자신의 노력이 필요하다.

기업을 경영하는 경영자는 칭찬할 기회보다는 화를 낼 기회가 더 많이 온다. 직원의 불찰이나 실수 또는 회사에 손실을 주는 의사결정을 하였을 때 경영자는 칭찬보다는 꾸지람이나 짜증을 먼저 내게 된다.

이럴 때면 경영자로서 혹은 상사로서 자질이 있는가를 다시금 돌아보아야 한다.

직장생활에 재미를 느끼고 애사심을 일으키도록 직원을 응원해주는 방법이 무엇인가를 생각해보아야 한다.

직장생활이 짜증스럽고 상사의 꾸지람만 계속된다면 주눅 들어서 직장을 다니기 싫게 될 것이다. 그러면 상사에게 혼나지 않을 정도로 모든 업무를 피해 가는 결정하지 못하는 직원으로 타락하게 된다.

애플의 스티브 잡스는 직원들에게 편지를 쓰거나 메모를 하여 칭찬하여주고 힘을 실어 준다고 들었다. 작은 메모지에 부하의 성과를 칭찬하여 주는 것도 좋은 방법의 하나일 것이다.

'칭찬은 고래도 춤추게 한다.'는 진리를 경영철학에 심어두자.

만약 직장에서 당신의 직급이 높은 위치에 있다면 당신은 이제는 일에 무관심해지고 규정에 따라 의사결정하고 중요한 결정을 미루거나 피해가려고 할 것이다. 이래서는 안 되는데…라는 걱정을 하지만 고정관념은 꼰대 짓을 하게 만든다.

직급이 올라가고 중요한 의사결정을 혼자서 하는 위치로 올라갈수록 직원들의 사소한 성과에 칭찬하여주는 진리를 잊어서는 안 된다.

사소한 칭찬이 직원들의 표정이 밝아지고 진정한 애사심을 보이며 직원들 간의 관계가 돈독해지고 자신감이 생기게 된다는 경영철학을 마음속에 가지고 있어야 한다.

5. 인재를 썩히는 일은 없어야 한다

천재는 만들어지는 것이 아니다. 그러나 우리는 모두를 천재로 만들고 있다. 과학 고등학교, 영재학교에서 우리는 천재를 양성하고 있으며 인재를 만들고 있다. 과연 이들이 기업이 원하는 인재상인가를 살펴보자?

인위적으로 만들어진 천재들이 경영에 참여한다면 어떤 현상이 일어날까?

천재를 양성하는 학교에 모두가 만들어진 천재는 아니다. 그중 많은 학생이 천재로서 영재로서 인정받고 있다.

경영 현장에는 모두가 천재가 모인 곳이 아니다.

가장 평범한 사람들이 모인 곳이 기업이다. 평범한 사람들이 신제품을 만들고 천재적 아이디어를 만들어 낸다.

평범한 사람들 속에서 인재를 발굴하는 것이 경영자의 능력이다.

평범함 속에 묻혀있는 인재를 가장 먼저 찾아내는 사람이 동료들이다. 동료들은 누가 아이디어를 가지고 있고 능력이 뛰어 난지를 알고 있다. 간혹 동료들은 이런 능력 있는 평범함 속의 천재를 싫어하기도 한다. 그래서 조직에서 배제하려고 하고 깎아내리려고 한다.

특히 경직된 조직에서는 더욱 이런 현상이 심하다. 조직 속에서 조금이라도 튀는 행동을 하는 조직원을 몰아내거나 조직에서 사장 시키려고 한다. 능력이 부족한 직원은 숨겨진 인재를 더욱 시기하기도 한다. 개별적으로 불러내서 충고 아닌 충고 식으로 몰아세우거나 사사건건 참견하기도 하며, 몰아세우기도 한다.

모 대학에서 비공무원[계약직] 조직원이 상사[공무원]를 몰아내고 자신들의 힘을 과시하기도 하였다. 계약직 조직원 몇 명이 단합하여 상사를 무능하다고 몰아세워 타 부서로 전보 발령받게 하고 상사를 몰아낸 성과로 성과급을 달라고 떼쓰는 조직도 보았다. 이들은 능력 있는 조직원을 내보내고 그만큼 줄어든 인건비를 자기들 임금 상승분에 반영하여 달라고 하기 하였다.

사례의 대학 기숙사 조직은 20년 전통을 자랑하지만, 지금까지 내려온 전통은 어떤 변화도 시도하지 말라, 변화를 시도하면 전체 조직이 대항한다. 납작 엎드려 고개도 들지 말라. 시키는 것 이외는 절대 하지 말고 말도 꺼내지 말아야 한다. 의견을 내세우면 공격의 대상이 되고 불만을 토로하면 해고의 대상이 된다. 비정규직의 슬픈 현실이 그대로 남아 있는 전통의 기숙사 조직이다.

인재를 몰아내고 줄어든 인건비만큼 본인들 인건비를 올려줄 상사는 없을 것인데 잘못된 인재상이 조직을 과거로 돌아가게 만들고 있다.

경영자는 평함 속에 가려져 있는 인재를 찾아내는 눈이 있어야 한다. 말로서 일하는 조직원은 주의할 인물로 보고 말없이 업무를 추진하고 아이디어를 꾸준히 내는 인재를 찾아내어야 한다.

6. 경영 현장은 전쟁터이다

기업은 총소리 없는 전쟁터이다. 경쟁자보다 앞서야만 살아남을 수 있는 전쟁터이다. 최근 커피점이 유행하면서 과거 다방문화는 사라지고 한 집 건너 한 집이 커피점으로 즐비하게 늘어 서 있다. 유명한 관광지나 휴양지에는 어김없이 커피점이 있고 경치가 좋은 곳은 커피점이 자리를 잡고 있다. 이는 경영 현장이 전쟁터와 같음을 보여주고 있다. 살아남으려면 경쟁자를 죽이던가, 따돌리던가, 앞서 가야만 한다.

경영 현장에서 전쟁을 즐기면 그 기업은 미래가 없다. 경쟁자를 죽이고 살아남으려고 한다면 우리 회사도 목숨을 걸고 싸움을 하여야 한다. 즉, 싸움에서 진다면 우리도 죽을 수 있다는 가정이다. 싸움을 즐기는 장수는 싸움터에서 생을 마감한다. 그렇다고 전쟁을 잊어서는 안 된다. 경쟁자의 도전을 무시하고 잊고 살아간다면 이는 죽음의 길을 걷는 것과 같다.

경쟁자가 없는 세계, 즉, 블루오션blue ocean의 세계를 찾아야 한다.

블루오션의 세계는 독창성이 있어야 한다.

경쟁 시장에서는 성공과 실패가 공존하고 있다. 이러한 경쟁 속에서 살아남는 기업의 철학은 경쟁기업보다 한발 앞서 나가는 것이다. 더 많은 고기를 잡기 위하여 어부는 더 넓은 바다로 진출하듯이 경쟁이 없는 세계로 나가기 위하여 우리는 더 넓은 시장을 개척하고 앞서가야 한다는 철학으로 무장하여야 한다.

치열한 경쟁의 세계인 레드오션red ocean은 블루오션의 반대로 치열한 싸움의 세계를 의미한다. 이는 기업 간 출혈경쟁으로 승자는 없고 모두 패자가 되는 것으로 기업은 손실을 보고 시장에서 퇴출당하는 시장을 의미한다. 아무리 좋은 기업 상황이고 첨단 제품아이템을 개발하여 시장에 내놓아도 시간이 흐르면 레드 오션으로 변해간다. 즉, 돈이 되는 제품이나 시장이라면 후발 경쟁자가 뛰어 들어오게 되어 있다.

따라서 내가 앞서가고 있다고 하여도 시간이 지나도 그 안에서 만족하고 머무르고 있다면 그 기업은 뒤처지게 되어 있다.

블루오션 세계를 찾는 경영자의 안목이 필요하다. 경영자뿐만 아니라 조직원 모두는 새로운 세계, 새로운 제품, 새로운 시장 등을 찾는 매의 눈을 갖고 일하여야 하는 철학이다.

7. 포근하고 넓은 경영자의 마음

기업이 성공하기 위한 승부수는 무엇인가?

역시 '사람'이 기업의 승부수이다.

기업은 인적, 물적 등 다양한 자원의 효율적인 조합을 통하여 성공의 핵심을 찾아내는데 이들 요소 중 가장 중요한 요소는 사람이다.

심마니가 산삼을 찾기 위하여 깊은 산중을 헤매기를 며칠 몇 달이 되기도 한다. 산삼은 누구에게나 눈에 띄기 쉬운 곳에서 자라지 않는다. 인재도 마찬가지로 인재는 산삼과 같다. 수많은 취업을 원하는 사람 중에 인재를 찾아내 것은 심마니가 산삼을 찾는 것과 같다.

꼭 필요한 인재는 산삼처럼 보이지 않고 심마니의 눈에만 보이게 된다.

좋은 인재 훌륭한 인재를 찾는 것은 심마니가 산삼을 발견하는 것과 같다.

심마니가 입산하는 입산 일은 1·3·5·7 등 양의 수를 택하는 것이 액이 없고 길하다고 본다. 양의 날짜라도 그날의 일진이 호랑이 날이면 피하는데, 이는 호랑이를 산신의 화신으로 여겨서 산신이 노하는 것을 피하기 위함이다. 심마니들은 산속에서의 외로움과 위험을 덜기 위하여 무리를 지어서 입산한다. 이때 함께하는 일행의 수도 반드시 길한 수인 양수라야 한다. 일단 입산 날짜가 정해지면 그때부터 심마니들은 철저한 근신 생활에 들어간다. 살생은 물론 사람이나 짐승의 사체도 보지 않으며, 술을 삼가고 육류나 생선 등 비린 것을 먹지 않는다. 초상집 · 잔칫집 · 제삿집에도 가지 않으며, 상주를 만나는 것도 피한다(한국민족문화대백과, 2019).

심마니가 입산하기 전에 철저하게 근신 생활을 하면서 정결하게 마음가짐을 가짐은 철저한 자기관리에 있다.

경영 현장에서도 경영자는 산삼과 같은 인재를 얻기 위하여 경영자 자신의 마음가짐을 철저하게 갖추고 있어야 한다는 것을 심마니에게서 배울 수 있다. 면접 날이 잡히면 심마니처럼 행동은 못하더라도 정결한 마음가짐을 가져야 한다는 경영철학이다.

산삼을 캐러 떠날 때는 캐낸 몫의 차지 방법을 미리 정한다. 캔 산삼을 일행이 공평하게 나누어 가지는 방법을 원앙메라 하고, 먼저 발견한 이가 독차지하는 것을 독메라 한다. 산삼을 발견하면 큰 소리로 '심 봤다!' 하고 세 번 외쳐서 일행에게 알린다. 독메로 하였을 경우, 삼을 발견한 이가 '심 봤다.'를 세 번 외치게 되면 다른 이들은 행동을 멈추고 그 자리에 모두 주저앉아야 한다. 발견자는 자기 시야에 들어오는 산삼에다 모두 표를 한 뒤에 동료들에게 '심메 보시오[산삼 캐시오].'하고 알린다. 그러면 기다리던 사람들은 표시가 안 된 산삼만을 찾아서 자기의 몫으로 가진다(한국민족문화대백과, 2019).

우리의 경영 현장은 어떠한가?

심마니처럼 정해진 약속을 지키고 그들만의 규약을 따르는 경영을 하고 있는가?

다른 기업에서 발견한 인재를 가로채고 있지는 않은가?

인재를 발굴하고 육성하려고 하는 것보다는 다른 기업에서 몰래 빼내는 방법이 더 쉽고 비용이 적게 들어갈 수도 있지만 이러한 인재는 조건이 더 좋은 곳으로 이동할 수 있다는 것을 명심해야 한다.

경영자는 포근함 맘으로 넓은 아량으로 인재를 길러나가는 것이 경영철학이라고 할 수 있다.

Part 8
역사 속으로 철학 산책

1. 역사철학 산책

역사철학은 사변적 역사철학과 비판적 역사철학으로 구분하는데, 사변적 역사철학은 역사적 사건 자체에 대해 근원적이고 형이상학적인 물음을 던지는 데 반하여 비판적 역사철학은 더 비판적이고 과학적인 물음을 던진다. 비판적 역사철학은 역사학의 본질을 규명하고자 하며, 사변적 역사철학은 사건 과정에 담겨져 있는 역사적 목적을 발견하고자 한다. 역사를 철학적인 시각으로 바라보는 자는 사건을 수동적으로 또는 연대기적으로 열거만 해서는 안 되며 주어진 사실의 뒤만을 쫓아서도 안 된다. 헤겔의 말과 같이 '그는 자신의 사고의 범주를 설정하고 그것을 통한 현존하는 사실을 바라보아야 한다.' 즉, 과거에 일어났던 객관적 사실을 있는 그대로만 묘사하는 수동적인 자세가 아니라 자신의 창조적 연구 정신에 의하여 사장死藏된 과거의 사실에 생명을 불어넣어 주고 시대의 요구에 따라 역사를 새롭게 창조해 내어야 한다(남청, 2002).

현재의 경영 현장은 어떤 역사철학으로 보고 있는가?

사변적 역사철학의 자세로 보고 있는가? 아니면 비판적 역사철학의 눈으로 보고 있는가?

우리의 삶도 이와 같은 맥락에서 볼 수 있다.

기업이 지나온 과거를 시대적 사건을 수동으로 나열하여 과거만 뒤쫓지 말고 과거의 역사를 통하여 기업 현실을 바라보아야 한다. 이는 수동적 자세가 아니라 창조적 연구 자세로 새로운 기업의 역사를 창조하자는 철학이다.

2. 사색당파 붕당정치 남인, 북인, 노론, 소론

붕당朋黨이란 조선 시대 중기 이후 특정 학문적, 정치적 입장을 가진 양반의 집단으로 동인은 영남학파이황이며, 서인은 기호학파이이와 성혼를 중심이며, 임진왜란을 겪고 나서 남인유성룡과 북인이산해으로 나누어진다. 광해군 때 북인이 정권을 잡으면서 대북과 소북으로 나뉘고 인조반정으로 서인이 광해군을 몰아내고 정권을 잡으면서 노론과 소론으로 갈리고 사도세자의 죽음으로 시파와 벽파로 또 나뉘게 된다.

우리나라 역사의 가장 치명적 당파싸움으로 나라 멸망의 대표적 역사 흔적이다.

작은 나라에 정치적 파벌과 권력 싸움의 결과는 무엇인가?

조선이 파벌 싸움하는 동안 일본은 침략 전쟁의 기회를 보고 있었다. 정치적 권력 싸움을 하는 조선은 일본의 침략을 받아야만 했다. 이를 임진왜란이라고 한다.

임진왜란을 겪고 나서도 파벌 싸움은 끝을 보지 못하였다. 나라를 빼앗겨도 정쟁은 계속되고 있다. 이러한 정쟁은 지금까지도 남아 있다. 근대사에서는 전라도, 경상도, 충청도 등으로 나뉘어 싸움한다. 나라를 잃은 역사를 잊어버리고 자신만의 이익을 위하여 치열한 붕당정치를 하고 있다.

붕당정치는 아직도 남아 있다. 친박, 동교동계, 호남, 영남, 충청 등 지역과 세력으로 무리를 나누고 당리당략을 위해 싸움을 하고 있다. 기업 내에서 최고 경영자의 측근이냐 아니면 차기 권력자에게 줄을 대느냐 등 일과는 관계없이 줄타기와 줄 대기 세력 구축과 강한 세력에 한 발 들여놓고 간 보기 등 다양한 파벌이 형성되어 있다. 역사를 돌아보면 하지 말아야 할 것으로 알고 있으나 철학이 없는 사람들이 역사를 돌아보지 않고 당장 눈앞의 이익을 위하여 붕당경영을 하고 있다.

최근 한반도 주변 정세를 보면 우리 국회는 권력을 잡기 위한 정쟁으로 민심을 혼란스럽게 하고 표를 얻기 위하여 상대를 깎아내리고 거리로 나와서 시위를 하는 동안 일본은 무역전쟁을 선포하여 우리나라를 백색국가에서 제외하여 우리나라에 수출하는 제품을 통제하여 우리나라 경제를 악화시키려 하며, 중국과 러시아 전투기는 우리 영공을 침범하고, 북한은 매일 미사일을 발사하며 우리를 압박하는데 정치인들은 당파싸움으로 치졸함을 보여주고 있다.

기업 내에서 당파싸움은 기업의 경영철학을 확립하고 우리가 깨어나야 할 붕당 경영, 붕당정치는 역사철학으로 뒤집어야 할 과제이다.

우리의 역사에서 볼 수 있는 붕당정치는 기업 내에서도 나타나고 있다. 최고경영자의 출신이 어디냐에 따라 지역감정으로 나누어지고, 학연으로 나누어진다. 이런 학연 · 지연에도 낄 수 없는 직원들은 세력을 쥐고 있는 상사에게 줄을 대고 충성을 맹세하기도 한다.

경영자가 철학이 있다면 회사 내의 붕당을 막아야 한다. 지역감정, 학연, 지연을 파헤쳐야 한다.

출신이 어디냐가 중요하지 않다.

누가 더 일을 잘하고 능력을 갖추고 있고, 창의적인가를 골라내는 것이 경영자의 철학이다.

파벌은 기업을 멍들게 한다.

3. 이성계 회군

이성계(1335년~1408년)는 1356년 쌍성총관부 수복 전쟁을 시작으로 1388년 위화도 회군에 이르기까지 30여 년을 전쟁터에서 살다시피 했지만 단 한 번도 패배하지 않았던 맹장이다. 1388년 이성계는 명의 요동을 공략하기 위해 하류에 있는 위화도에 진을 치고 있다가 말머리를 돌려 개경을 함락시키고 우왕을 폐위시켜 왕권을 장악하였다. 사학자들은 이성계의 위화도 회군을 두고 엇갈린 주장을 펴고 있다. 위화도 회군이 왕위를 찬탈하기 위한 계획된 쿠데타라고 보는 시각과 요동성을 공략할 수도 안 할 수도 없는 진퇴양난의 상황에서 단행한 자구책이라는 주장이다. 결과는 이성계의 실리적 선택으로 볼 수 있다. 이성계는 우왕의 아들 창을 왕위를 물려받게 하고 이듬해 이성계 일파에게 폐위당하고 마지막 왕인 공양왕을 등극시킨다. 이후 공양왕을 강등시켜 원주로 유배시키고 이성계가 왕위에 오른다. 이로써 조선 태조로서 이성계의 정권이 시작된다(박영규, 1996).

이성계가 요동 정벌의 부당성을 주장하는 유명한 사불 불가론을 보면 첫째, 작은 나라가 큰 나라를 거스르는 일은 옳지 않으며, 둘째, 여름철 군사를 동원하는 것은 부적당하고, 셋째, 요동을 공격하는 틈을 타서 남쪽의 왜구가 침범할 염려가 있으며, 넷째, 무덥고 비가 많이 오는 시기라 활의 아교가 녹아 무기로 쓸 수 없고 병사들도 전염병에 걸릴 염려가 있다는 주장이다. 이처럼 현장의 전문가가 부적절함을 알리나 최고 결정권자는 받아들이지 않고 추진하라는 결정을 하달하게 된다.

최종 결정권자우왕 혼자서 판단하였는가?

참모조직 최영의 조언이 있었다.

앞에서 경영자는 충언과 아부를 판단할 수 있어야 한다고 주장하였다. 기업이 종업원의 퇴로 길을 열어주지 않고 종업원을 밀어붙이기만 하면 빠져나갈 길이 없으면 이성계의 회군처럼 경영권에 도전하게 될 것이다.

경영자의 힘에 부딪히면 회사를 나가서 같은 업종을 창업하여 경쟁자로 대등한 경쟁하기를 원한다.

또한, 사불가론四不可論에서와 같이 작은 기업이 대기업과 맞싸우면 자금력에서 대기업에 밀리 수 있다. 대기업 전략 중 하나로 중소기업이 경쟁상대라면 망할 때까지 자금력으로 밀고 나가는 정책이 있다. 중소기업 경영자라면 자금력으로 대기업과 힘겨루기는 피하는 것이 좋다. 중소기업은 기술력으로 경쟁하는 것이 현명한 경영철학이다.

4. 한석봉과 어머니

한석봉(1543년~1605년)은 아버지가 돌아가시고 집안이 몰락하였지만 신희남慎喜男의 문하에서 공부하였다.

석봉이 신희남의 문하에서 공부할 때 어머니도 영암으로 함께 가서 아들을 교육시키기 위해 떡을 만들어 팔았는데 떡을 판 곳이 아천포 다릿거리 장터라고 한다. 석봉은 아천포에서 30리(약 11㎞) 떨어진 서당으로 공부를 다니고 어머니는 매일 떡판을 이고 다릿거리 장터로 나갔다.

이런 어머니의 헌신적 노력으로 걱정 없이 공부를 할 수 있었다.

한석봉은 글씨를 잘 쓰기로 유명한 명필가로 조선 시대 최고의 서예가이다. 글씨로 출세한 석봉은 사자관寫字官이 되어 국가의 문서와 명나라에 보내는 외교 문서를 도맡아 썼고, 중국에 사절이 갈 때도 서사관書寫官으로 파견되었다. 벼슬은 흡곡현령歙谷縣令과 가평군수加平郡守를 지냈다. 일부에서는 한석봉이 높은 벼슬과거 합격을 하지 못한 것을 비판하는 학자도 있으나 한석봉은 외길 인생오직 글씨 하나으로 성공한 사람으로 평가된다.

한석봉 어머니의 일화 중에서 오랜만에 집에 돌아온 한석봉에게 불을 끄고 자신은 떡을 썰 테니, 아들에게 글을 쓰라고 하여 어머니는 떡을 일정하게 썰었으나 한석봉의 글씨는 일정하지 못하여 다시 서당으로 보냈다는 일화는 한석봉 어머니의 교육 방식은 반복된 연습의 중요성을 알려 주고 실천하고 직접 시연하는 모습을 볼 수 있다.

경영 현장에서 최고의 자리는 천재만이 할 수 있는가?
경영의 천재는 타고나는 것인가? 만들어지는 것인가?
우리는 모두가 최고 경영자만 되어야 하는가?
한 분야의 전문가로 일하는 것은 실패한 직장인가?

만약 성공한 경영자의 천재적 능력을 부모에게서 물려받은 DNA에 의하여 타고난다면 경영은 천재만이 한다고 할 수 있다. 그러나 실증적 증거로 보아 경영은 천재만의 소유물이 아니다.

경영의 천재성은 만들어지는 것이다.

1%의 천재성과 99%의 노력으로 경영의 천재가 되는 것이다. 여기서 1%의 능력은 누구나 가지고 태어난다. 누구나 경영의 천재성은 있으나 노력하지 않기 때문에 발견하지 못한 것이다.

경영 현장에서 최고가 되는 길은 최선을 다하고 노력하며, 반복하는 것이 달인이 되는 길이라고 할 수 있다.

운동선수가 최고가 되기까지 반복 훈련을 하는 것과 같이 한석봉 어머니가 불을 끄고 일정하게 떡을 썰 수 있는 것은 반복된 노력이다. 한석봉은 높은 직위의 관직에는 오르지 못하였지만, 글씨로 나라 임금의 총애를 받고 당대 최고의 자리에 오를 수 있었다. 한 우물만 판다는 옛 속담이 있듯 외길 경영도 좋은 방향이라고 생각한다.

그동안 우리나라 기업은 문어발식 산단 경영을 통하여 다양한 업종으로 진출하였지만, 많은 중소기업은 한길로만 걸어서 성공한 기업도 많이 있다.

외길 경영철학을 생각해보자.

남이 한다고 따라가는 것보다는 내가 갈 수 있는 외길을 생각해 보는 철학을 가져보자는 것이다.

한석봉의 외길 철학도 경영철학에 반영해 볼 직하다.

5. 임진왜란

임진왜란(1592년)은 1592년 1차 일본의 침략을 임진왜란이라고 하고 1598년 2차 침략을 정유재란이고 한다.

임진왜란이 일어나기 이전 조선은 약 200년 동안 작은 외침 이외 전쟁이 없는 평화 시대로 전쟁에 대비한 준비가 없었다. 조선은 지속하는 평화로 전쟁에 대한 대비가 없었지만, 일본은 오래전부터 전쟁 준비 통해 병법, 무술, 해운술뿐만 아니라 서양에서 들여온 신무기[조총]를 대량 생산하여 전쟁 준비를 하였다. 1592년 4월 13일 당시 일본의 총병력은 30만이었다. 30만 병력 중 20만 병력을 아홉 개 부대로 나누어 조선을 침략하여 20일 만에 수도 한양까지 침범하였다. 이후 6월에 평양을 점령하여 선조는 의주로 피난하였다.

전국을 일본군이 점령할 때 전라도 지역은 이순신 장군의 활약으로 일본의 전라도 진출은 좌절되었다.

1597년 1월 일본은 15만 병력을 이끌고 다시 조선을 침략해 왔다. 이것이 정유재란이다. 조선은 임진왜란을 겪고 전쟁에 대한 방비책을 세우고 있었으며, 명나라 군대와 협력하여 일본을 대패하게 하였다.

전쟁 중에 조선은 재정 부족을 메우기 위하여 납속책을 마련하여 곡물이나 돈을 내면 향리, 천민, 노비 등이 신분 상승하였다. 또한, 전란을 전후로 조정에 불평을 품은 관리가 내란을 일으키기도 하였으며, 생활이 처참하여 인육을 먹는 사태도 있었다고 한다.

임진왜란이 일어나기 전까지 조선은 전쟁에 대한 대비가 없었다. 평온을 유지하면 나태하게 된다는 경영철학을 되새겨야 한다.

경영철학으로 잘 나갈 때 채찍을 들으라고 한다. 회사가 많은 이익을 내고 평화로울 때 경영자는 위기감을 조성하여야 한다. 온실 안에 있으면 경쟁력은 시간이 지날수록 떨어지게 되고 종업원은 나태하게 된다. 위기를 잊은 기업은 침략을 받게 된다는 철학이다.

위기를 극복하였다고 하여 너무 많은 보상을 주면 특히 신분 상승급격한 진급을 주면 조직 체계가 흔들릴 수 있으며, 신분 상승에 반발하는 사람들이 불평도 쏟아질 수 있다. 일시적인 경영자의 개인감정으로 신분진급을 올려주면 일보다는 눈에 잘 보이기, 아부 잘하기 경쟁의 장이 될 수 있다.

2019년 8월 2일 일본은 우리나라를 백색국가White List[7]에서 제외하면서 무역전쟁을 시작하였다. 그동안 우리나라 기업들은 임진왜란의 역사적 사건을 기억하지 못하고 일본에 중요 소재, 부품을 의존하여

---

7) 일본정부가 외국과의 교역시 무기 개발 등에 사용될 수 있는 물자나 기술, 소프트웨어 등을 통칭하는 전략물자를 수출할 때 관련 절차를 간소하게 처리하도록 지정한 물품 목록. 일본은 수출무역관리령을 통해 수출품 중 무기로 전용될 수 있는 품목을 규제하는데 이는 리스트list 규제와 캐치올catch all 규제로 나뉜다.
리스트 규제는 구체적인 규제 품목을 리스트로 만들어 규제하는 것이고, 캐치올 규제는 모든 품목을 규제하는 것을 말한다.
일본은 수출의 효율성을 위해 우방국은 화이트 리스트백색국가로 지정해 리스트 규제를 받도록 우대하고 있다.
따라서 화이트 리스트에서 제외되었다는 것은 민감한 물품을 수출하기에 신뢰하지 않는다는 것을 의미한다. 2019년 7월 22일 현재 백색국가로 지정된 나라는 미국, 영국, 프랑스, 독일 등 모두 27개국이며 한국은 아시아 유일의 백색국가이다.
하지만 2019년 7월 4일 일본은 고순도 불화수소에칭가스, 플루오린 폴리이미드, 포토리지스트 등 3개 품목에 대해 화이트리스트 목록에서 제외해 수출규제에 나섰으며 2019년 8월2일부터는 '화이트백색 국가' 목록에서 제외할 것으로 예측된다.
이럴 경우 일본 기업들은 1100개가 넘는 전략물자를 수출할 때마다 건건이 일본 정부의 허가를 받아야 한다(한경 경제용어사전, 2019).

왔다. 일본이 무역전쟁을 시작하니까 일본을 벗어난 새로운 길을 찾고자 정부나 기업은 발을 구르고 있는 실정이다. 무역전쟁에 미국을 끌어들이고 전 세계에 무역전쟁의 불합리성을 호소하지만 먼저 우리가 대처하지 못한 잘 못을 늦게 파악하고 있었다. 역사철학을 깨우친 기업은 일찍이 일본의 기술에서 벗어나려고 노력하였으며, 부품의 국산화와 기술의 독립을 추구하였다.

역사는 기업 미래의 길을 제시하여 주고 있으나 이를 읽지 못한 기업, 역사를 무시한 기업은 무역전쟁에 빠져들게 된다.

이와 같은 역사를 먼저 파악한 기업이 현대자동차이다. 현대자동차는 선대 회장으로부터 역사적 사실을 이어 내려온 것이 기술의 독립과 부품, 소재의 국산화가 기업을 살리고 국가 경제를 이끌어나가는 길이라는 것을 기업철학으로 추구하였다.

일본은 전쟁국가로 어떠한 전쟁을 일으킬지 모르는 미지의 국가이다. 제1의 전쟁이 살상의 전쟁이라면 제2의 전쟁은 경제를 파탄시키는 전쟁이며, 제3의 전쟁은 문화와 역사를 파탄시키는 전쟁으로 일본은 제2, 제3의 전쟁을 시작하고 있으나 그동안 역사를 잊은 우리 기업은 전쟁에 대비를 하지 못하였다.

전쟁에 대한 준비는 역사에서 배우는 기업의 경영철학이다.

6. 김대건 신부

김대건(1821년~1846년) 신부는 1984년 교황 요한 바오로 2세에 의해 성인 반열에 오른 103위 순교자들 가운데 대표적인 성인으로서 훌륭한 믿음과 성덕의 모범을 보여준 순교자이고 특히 「한국교회의 첫 사제」라는 깊은 의미가 있다.

1831년 조선교구 설정 후 신부 모방Maubant,P.에 의하여 신학생으로 발탁되어 최방제崔方濟·최양업崔良業과 함께 15세 때 마카오에 있는 파리외방전교회 동양경리부巴里外邦傳敎會東洋經理部로 가게 되었다. 그곳 책임자인 신부 리부아Libois, N.의 배려로 마카오에서 중등 과정의 교육을 마친 뒤 다시 철학과 신학 과정을 이수하였다.

한국인 성직자의 자질과 사목 능력을 입증하여 조선교구의 부교구장이 되었고, 투철한 신앙과 신념으로 성직자로서의 참모습을 보여주었다. 옥중에서 정부의 요청을 받아 세계지리의 개략을 편술하였고, 영국제의 세계지도를 번역, 색도화色圖化해서 정부에 제출하였다(한국민족문화대백과, 2019).

김가항金家港 성당에서 탁덕鐸德으로 승품陞品하였으며, 한국 사람으로서는 최초로 신부가 되어 미사를 집전執典하였다. 8월 페레올 주교, 다블뤼 주교와 함께 상하이를 떠나 충청남도 강경에 잠입하여, 서울을 향하여 각지를 순방하면서 비밀리에 신도들을 격려하고 전도하였다. 1846년 선교사의 입국과 선교부와의 연락을 위한 비밀 항로 개설을 위하여 백령도 부근을 답사하다가 체포되어 서울로 압송되었다(두산백과, 2019).

김대건은 포도청에서 3개월 동안 40차의 문초를 받고, 9월 15일 반역죄로 사형이 선고되어 16일 새남터에서 군문 효수형으로 순교하였다. 그때 나이 26세였다. 그의 시체는 모래사장에 임시매장 되었는데 40일 후 이민식빈첸시오에 의하여 미리내에 안장되었고, 1901년에는 용산 성직자 묘지로 옮겨졌다가 1951년 그의 두개골을 혜화동 소재 가톨릭 대학으로 옮겨 보관하고 있다. 1857년에 가경자, 1925년 7월 5일에 복자로 되었다가 1984년 5월 6일 성인품에 올랐다(성김대건성당, 2019).

김대건 신부는 우리나라 최초의 천주교 신부로서 믿음 하나의 철학으로 박해를 헤쳐나가면서 우리나라에 천주교를 전파한 신부이다. 생명을 신앙으로 승화시킨 우리나라 종교철학의 대표이자 천주교 역사에 가장 큰 획을 남긴 신부이다.

김대건 신부는 자신이 태어나 조국이 천주교를 박해하는 것에 대하여 원망하거나 비관하지 않았다. 이러한 척박한 조국의 환경에서 실천으로 박해를 이겨냈다. 또한, 자신의 믿음과 신념을 철학으로 승화시켜 나간 인물이다.

경영 현장에서도 신념과 믿음을 철학으로 내가 몸담은 회사의 환경을 극복하고 회사에 필요한 인재가 되어야 한다는 철학을 배울 수 있다.

김대건 신부는 조정이 아까워하는 인재였다. 외국어에 능통하고 철학 등 학식이 두터워 조정에서 회유하였지만 이를 만류하고 목숨을 버렸다.

우리의 경영 현장은 어떠한가?

회사가 나를 잡아둘 수 있을 만큼 학식과 덕목을 갖추고 있는가?
회사는 종업원을 일회용품처럼 채용하고 해고하지는 않는가?
회사를 위하여 순교자의 철학으로 일하고 있는가? 아니면 기회만 있으면 떠나려고 하지는 않는가?

김대건 신부에게서 배우는 경영철학은 믿음을 줄 수 있는 회사를 만드는 것이고 종업원은 초월적 신앙심과 같이 믿음을 철학으로 회사에 큰 선획을 남겨야 한다는 것을 알 수 있다.

직장 생활을 순교자처럼 한다면 부정도 부조리도 청탁도 없는 깨끗한 직장인이 될 것이며, 존경받는 사회인, 경영인이 될 것이다.

7. 이완용 매국행위

이완용(1858년~1926년)은 일본에 나라를 팔아먹은 최악의 매국노로 평가되고 있다.

1907년 7월 내각총리대신으로 있으면서 일제의 요구에 부응하여 헤이그 밀사 사건에 대한 책임을 물어 고종황제의 강제 양위를 주도하였다. 이어 '한일신협약 정미 7조약' 체결을 주도하여 '정미 7적' 가운데 한 명으로 손가락질을 받았다. 조약체결 직후에는 한국군대를 강제 해산시켰다. 1907년 의병장들을 중죄로 처벌하고 미체포한 의병부대 지휘관들을 체포할 것을 순종 황제에게 요구하였다. 1909년 7월 12일에는 통감 소네아라스케曾禰荒助와 함께 '한국 사법 및 감옥 사무 위탁에 관한 각서'에 내각총리대신의 명의로 서명함으로써 사법권을 일본에 위임하였다. 같은 해 7월 26일에는 '한국중앙은행에 관한 각서'를 조인하여 중앙은행의 운영과 권리에 대한 집행 및 감독에 종사하는 사람을 일본인으로 임명하도록 하고 한국 재정 및 경제권을 양도하는 데 앞장섰다. 이와 같은 매국적 행위로 인하여 독립운동가의 암살 1급 대상자로 지목되었다. 1909년 12월 22일 서울 종현천주교회당鐘峴天主敎會堂에서 열린 벨기에 황제 레오폴트 2세그달 17일 사망의 추도식에 참석하였다가 독립운동가 이재명의 피습을 받아 치명상을 입었으나 운 좋게 살아났다. 1910년 8월 3대 통감으로 부임한 데라우치와 '한일병합조약' 체결 협상을 벌이고, 동년 8월 22일 어전회의

에서 순종 황제를 압박하여 합병 조칙을 받아냈다. 이에 마침내 국권이 완전히 일본에 넘어가고 '경술 9적' 중 1인으로 불리게 되었다(한국민족문화대백과, 2019).

1910년 10월 7일 '조선귀족령'에 따라 일본 정부로부터 합병에 관한 공로로 백작의 작위를 받았고, 1920년 12월 28일 후작으로 올라갔다. 사후 손자 이병길이 작위를 물려받았다. 1910년 10월부터 1912년 8월까지 조선총독부 중추원 고문과 중추원 부의장을 지내면서 총독의 자문에 응하였다. 1916년 8월 4일 매일신보에 왕세자의 혼인과 관련하여 '병합하여서 한 국가가 된 후에는 황족 간의 결혼은 당연한 일'이라는 글을 게재하여 내선융화의 필요성을 주장하였다. 1919년 3·1 만세운동이 일어나자 매일신보 경고문을 게재하여 만세운동을 '망동'이라 비난하고 저항운동을 중지할 것을 촉구하였다. 이듬해 후작이 되고, 농림주식회사 고문, 교육조사위원, 총독부산업조사위원, 조선미술전람회심사원, 조선사편찬위원회 고문 등의 명예직을 두루 겸하며 일제의 식민정책에 협력하였다. 1924년 4월 항일운동에 대항하여 일선융화日鮮融和를 내걸고 결성된 친일단체 동민회의 고문으로 활동하였다(한국민족문화대백과, 2019).

경영 현장에서 기업을 팔아먹는 기업의 배신자도 있다. 회사의 기밀을 빼가서 경쟁사나 중국기업에 기술을 넘겨주고 이익을 챙기는 직원이 있는가 하면, 회사의 기술을 빼내어서 다른 회사로 이직하는 사람도 있다.

경력을 쌓아서 익힌 기술을 가지고 경쟁사로 이직하는 것이 회사의 기밀을 빼내 가는 것일까?

기업의 이완용이 될 것인가?

이완용의 후손들은 잘살고 있다고 들었다. 많은 재산을 축적한 선대의 노고 덕에 후손들은 잘살고 있다고 한다.

반대로 독립운동가의 후손들은 선대에 물려받은 가난으로 아직도 힘든 생활을 하는 후손도 많이 있다는 소식이 들려온다.

철학이 있는 경영자라면 철학이 있는 직장인이라면 어느 길을 택할 것인가?

당신이 경영자라면 당신은 간신을 원하는가?

우리의 역사에서 바라본 경영철학의 단면이다. 물질에 유혹되면 나라도 팔아먹고 기업도 팔아먹고, 기술도 훔쳐다 팔아먹게 된다.

그럼 결과는 어떻게 되었는가?

그동안 회사의 기술을 훔쳐다 팔아먹은 사람들은 모두가 죄인이 되었다.

이완용의 후손들은 어떻게 살고 있을까?

우리 할아버지가 이완용이라고 자신 있게 말 할 수 있을까?

할아버지가 나라를 팔아먹은 덕으로 후손들이 잘살고 있다고 말할 수 있을까?

경영철학이 없는 사람은 후손에게까지 고개를 들지 못하게 하는 영향을 미친다는 것을 분명히 알려 주고 있는 역사에서 배우는 경영철학이다.

8. 안중근 의사

안중근(1879년~1910년)은 1909년 10월 26일, 이토를 태운 특별 열차가 하얼빈에 도착하였다. 이토는 코코프체프와 약 25분간의 열차 회담을 마치고 차에서 내렸다. 이토가 러시아 장교단을 사열하고 환영 군중 쪽으로 발길을 옮기는 순간 안중근은 침착하게 걸어가 이토로 추정되는 사람에게 4발을 쐈다. 다시 이토가 아닐 것을 대비해 주위 일본인에게 3발을 쐈다. 처음 쏜 4발 가운데 3발은 이토, 1발은 하얼빈 총영사 가와카미도시히코川上俊彦의 오른팔을 맞혔다. 이어서 쏜 3발은 비서관 모리타이지로森泰二郎, 만주철도이사 다나카세이타로田中淸太郎를 맞혔다. 1발은 플랫폼에서 발견되었다. 러시아 검찰관의 예비 심문에서 한국의 용병 참모 중장, 나이 31세로 자신을 밝혔다. 거사 동기에 대한 질문을 받자 이토가 대한의 독립주권을 침탈한 원흉이며 동양평화의 교란자이므로 대한의용군사령의 자격으로 총살한 것이지 안중근 개인의 자격으로 사살한 것이 아님을 밝혔다(한국민족문화대백과, 2019).

관동도독부지방법원 원장 마나베眞鍋十藏의 주심으로 여섯 차례의 재판을 받았다. 안중근은 자신을 일반 살인 피고가 아닌 전쟁포로로 취급하기를 주장하였다. 국내·외에서 변호 모금 운동이 일어났고 변호를 지원하는 인사들이 여순旅順에 도착했으나 허가되지 않았다. 심지어는 일본인 관선 변호사 미즈노水野吉太郎 가마타鎌田政治의 변호조차 허가하지 않으려 하였다(한국민족문화대백과, 2019).

재판과정에서의 정연하고 당당한 논술과 태도에 일본인 재판장과 검찰관들도 탄복하였다. 관선 변호인 미즈노는 안중근의 답변 태도에 감복해 '그 범죄의 동기는 오해에서 나왔다고 할지라도 이토를 죽이지 않으면 한국은 독립할 수 없다는 조국에 대한 적성赤誠에서 나온 것은 의심할 여지가 없다.'라고 변론하였다. 선고 공판은 1910년 2월 14일 오전 10시 30분에 개정되었고 재판장 마나베는 사형을 선고하였다(한국민족문화대백과, 2019).

1907년 헤이그 밀사 사건으로 일본은 한국 내정을 갈취하고 군대를 해산시키고 이완용은 '정미 7조약'을 조인한 공로로 '욱일동화장'이란 훈장을 받았다. 또한, 한국의 유림과 조선 13도를 대표하는 친일파들은 이토 암살을 사죄한다고 일본에 사죄사를 파견하고 사죄사들이 일본으로 건너가 아부를 하는 시기에 1910년 3월 26일 오전 10시 안중근은 여순 감옥에서 서른셋의 나이에 형장의 이슬로 사라졌다.

안중근 의사의 조국에 대한 의지와 삶의 철학을 볼 수 있는 역사로서 재판과정에서 당당한 자신의 모습을 보여주면서 재판장을 감탄하게 하는 조국에 대한 열정을 배울 수 있다.

빼앗긴 조국을 되찾기 위해서 목숨을 버리는 안중근 의사의 조국에 대한 열정은 철학으로 표현할 수 없는 상상의 애국심이다. 이토가 사망하고 조선의 유림이나 대표들은 일본으로 찾아가 사죄하고 머리를 조아렸을 것인데 이들도 조국 조선의 독립을 위하여 조선의 평화와 백성의 안녕을 위하여 헌신하였다고 할 것인가?

조국이 더 이상의 피해를 보지 않도록 하기 위해 일본에 사죄하였다고 자긍심 있게 말할 수 있는 자가 있을까?

경영현장에서도 안중근 철학을 배양하여야 한다. 우리가 회사를 위하여 목숨을 걸고 일한다면 회사는 절대 다른 기업 다른 사람에게 넘어가지 않을 것이다.

안중근의 철학처럼 정말 가슴 깊은 곳에서 우러나는 애사심과 열정으로 일하고 있는가?

안중근 철학을 기반으로 일하는 사람은 몇 명이나 있을까?

애사심을 철학으로 삼고 일한다고 말하는 직원 중에는 말과 행동이 다른 직원도 있을 것이다.

경영자도 같은 철학으로 보고 싶다. 회사를 위하여 목숨 걸고 일한다면 회사는 번창할 것으로 믿는다.

안중근의 철학처럼 흔들림 없이 곧은 생각을 철학으로 삼고 일하는 자세가 필요하다. 안중근 철학을 경영철학으로 한다면 회사 자금을 몰래 빼돌리고, 정보를 훔쳐서 팔아먹고, 사기를 치고 교도소를 들어가는 경영자나 종업원은 없을 것이다.

9. 유관순 열사

유관순(1902년~1920년)은 충남 천안에서 태어나 선교사의 도움으로 이화학당에서 공부하면서 1919년 3월 1일 서울에서 만세운동에 참여하였으나 휴교령으로 충남 천안 고향으로 내려가서 4월 1일 아우내 장터에서 태극기를 나누어 주고 주민 3,000여 명과 독립 만세운동을 전개하다 시위 주동자로 체포되어 징역 3년을 선고받고 복역 중 옥중에서 만세운동을 펼쳐 고문으로 순국하였다. 유관순 열사의 부모님은 이날 만세운동에 참여하여 일본군의 총검에 학살당하였다.

1976년 문교부에서 발행한 3학년 1학기 초등학교 바른생활 교과서 목차 일부를 보면 1. 새 학년, 2. 유관순 누나, 3. 점심시간, 4. 돼지 마을과 염소 마을, 5. 아름다운 마을, 6. 벌을 받아도 할 수 없지, 7. 전화… 로 이어져 나간다.

당시 유관순 누나라고 왜 하였을까?

지금은 유관순 열사로 부르고 있는데 과거는 유관순 누나로 표현하였다. 3.1절 기념식에서 부르던 노래 가사에는 유관순 누나의 … 구절이 있다. 일부 사람들은 유관순(1902년생) 할머니라고 안 하고 누나라고 부르느냐고 웃지 못할 말을 하는 사람도 있었다.

남녀 성차별이 낳은 산물이다. 남자 독립운동가는 의사, 열사이지만 당시 여성 독립운동가에 예우가 부족했기 때문이다.

유관순 열사에게 배우는 철학은 조국을 위한 희생으로 부모님은 물론 본인도 조국의 독립을 위하여 목숨을 바쳤다.

경영 현장에서 자신의 희생을 원한다면 과연 몇 명이나 자신을 희생할까?

회사가 어려우니까 급여를 적게 주고 늦게 주겠다고 한다면 우리는 어떤 생각을 할까?

회사는 회사 사정이고 나는 나이다. 내가 왜 회사를 위하여 희생해야 하나?

이런 대답이 나올 수 있다. 회사가 어려워서 급여를 못 준다면 다른 회사로 가면 되지 하는 마음이다.

경영철학을 배양한다면 회사와 내가 하나라는 의식이 배여 있게 될 것이다.

조국이 있어야 내가 있다는 애국심 철학에서와 같이 회사와 함께 평생 한다는 애사심 철학이 있어야 한다.

유관순 열사에게 배우는 우리의 경영철학은 애사심이다.

애사심은 하루아침에 만들어지는 것이 아니라 오랜 시간 기업 문화로 발전시켜 나가야 쌓을 수 있는 단단한 성이다.

이는 최고 경영자의 진심에서부터 시작된다.

Part 9
과학철학에서 배우는 경영철학

1. 과학철학이란?
2. 피타고라스Pythagoras
3. 장영실
4. 코페르니쿠스Nicolaus Copernicus
5. 갈릴레오Galileo Galilei
6. 뉴턴Isaac Newton
7. 아인슈타인Albert Einstein
8. 토머스 쿤

1. 과학철학이란?

과학철학[科學哲學, philosophy of science]은 과학을 바탕으로 하는 철학으로 과학철학의 시초는 그리스 철학자 밀레토스의 탈레스[Thales of Miletus]에서부터 시작한다. 과학 모든 분야와 지식 그리고 과학의 전제를 철학의 대상으로 삼는 철학이 과학철학이다.

고대 과학자들은 철학을 바탕으로 과학적 접근을 하였다. 고대는 과학이란 용어를 사용하지 않고 철학적 접근을 과학적으로 접근하였다고 볼 수 있다. 따라서 철학과 과학이 동시에 발생했다 할 수 있으며, 과학의 방법을 철학의 대상으로 하였다고 할 수 있다.

자연철학은 자연을 대상으로 하는 과학철학으로 탈레스의 사상은 '물이 제일이다'라고 주장하였다. 물은 생명체가 살아갈 수 있는 필수요소로서 자연 과학철학의 근본으로 주장하였다.

경영철학에서도 물을 근본으로 접근하여 보면 생명의 근본인 물을 경영에 접목하면 최근 수소 전기자동차를 사례로 들 수 있다. 수소는 물(H_2O)에서 O_2 분자를 분리하면 얻을 수 있다. 물로 가는 자동차를 만들 수 있다는 것이다. 우리는 왜 자동차는 석유 원료로만 움직여야 하는가?에 대하여 생각해 볼 필요가 있다.

현재 우리나라의 법규상 자동차의 연료는 화석원료[석유]를 근본으로 하고 있다. 이런 근거를 기반으로 자동차의 연료를 물로 사용하는 것에 대하여 생각하지 않았다.

자연철학에서 우리는 경영철학의 근본을 얻을 수 있다.

물 분자가 산소 원자 1개와 수소 원자 2개가 결합한 형태(   )에서 산소 원소를 제거하면 수소를 얻을 수 있다.

중세 자연철학의 사례에서 대양을 항해하고 신대륙을 발견하게 된 것은 조선[배]을 만드는 기술이 발전한 것도 있지만 항해를 할 수 있는 기술의 발명이 큰 영향을 미쳤다고 할 수 있다. 항해를 할 수 있도록 발명된 기술이 컴퍼스와 화약 그리고 값싼 종이가 보급되면서 발전된 인쇄술이다.

현대 경영철학에서는 이를 융합경영이라고 할 수 있다. 현대 문명이 발명한 다양한 기술을 제품이나 경영에 접목하는 경영기법이 융합경영이다.

2. 피타고라스Pythagoras

피타고라스(BC 580년~BC 500년)는 아르케arche[8])의 의미를 수數 arithmos로 보았다. 인식되는 모든 것은 수數를 지녔으며, 수數없이 우리는 아무것도 직관할 수 없고 인식할 수도 없다. 과거 과학철학자들의 특징은 특정의 물체나 개념을 중심으로 이론을 만들어나갔다. 피타고라스도 수숫자를 중심으로 이론을 구축하였다. 그는 모든 변화와 생성은 수數에 의해서 이루어지며, 수數는 영원히 불변하는 존재임과 아울러 생성 변화의 법칙이라고 하였다.

피타고라스는 이오니아의 그리스 철학자이자 피타고라스학파라 불린 종교 단체의 교주이다. 피타고라스에 관해 알려진 정보가 대부분 그가 죽고 수 세기 후에 쓰인 것이라서 신뢰할 수 있는 정보가 매우 드물다. 기원전 6세기 말 피타고라스는 철학에 큰 영향을 끼쳤고 종교 교리를 가르쳤다. 그는 위대한 수학자나 신비주의자, 과학자로서 흔히 추앙받으며, 특히 그의 이름을 딴 유명한 정리인 '피타고라스의 정리'로 가장 널리 알려져 있다(홍성욱, 2004).

피타고라스의 과학철학은 다음과 같다(홍성욱, 2004).

---

8) 근원根原 및 시원始原을 의미하는 말로, 고대 이오니아Ionia의 자연 철학자들은 만물의 근원이나 세계의 원질原質이라는 의미로 이 말을 사용하였다. 라틴어의 principium에 해당하는 말이다(네이버 지식백과, 2019).

피타고라스는 만물의 근원이 수數라고 주장했다. 피타고라스학파는 무한대 즉 한계 지을 수 없는 것 앞에서 일종의 신성한 공포를 느꼈다고 한다. 그래서 현실의 경계를 정하고 질서를 부여하며, 현실을 이해할 수 있는 규칙을 숫자에서 찾았다. 우주에 대한 미학적-수학적 전망은 이렇게 피타고라스에 의해 탄생하였다. 또한, 피타고라스는 음악 미학에도 관심을 두었다. 피타고라스의 예능 분야의 연구는 다음과 같다.

음악 혹은 화음론

피타고라스는 음향학자이기도 했다. 그는 영혼의 정화가 음악의 목적이라는 설을 주장하고 음의 협화를 현의 길이의 비례로 설명한 것으로도 유명하다. 그러나 자기 자신은 저작을 남기지 않았으며, 이른바 피타고라스학파 사람들에 의해서 이러한 이론이 후세에 전해졌다. 또한, 순정 5도純正五度를 반복하여 겹친 음률을 피타고라스의 음계라고 한다.

미론美論

피타고라스는 '조화는 미덕이다. 건강과 모든 선 그리고 신성 역시 마찬가지이다. 결과적으로 모든 사물 역시 조화에 따라 구성된다.'고 하였다.

경영철학의 하나의 축은 조화라고 볼 수 있다. 경영이 수학적 또는 수리적이라고 볼 수 있지만, 이는 회계적 사상에서는 맞는 이론이다. 그러나 경영은 하나에 하나를 더하면 둘이 되는 수학적 계산이 아니다. 하나에 하나를 더하면 둘, 셋 그리고 더 많은 것을 창출할 수 있는 것이 경영철학이다. 예로 처마에서 떨어지는 한 방울의 물방울이 양동이에 떨어지고 그다음에 또 한 방울이 양동이에 떨어지면 두 방울의 물방울이 양동이에 담겨있지 않다. 큰 물방울 하나가 되어 있다. 이런 관점이 경영철학이다.

따라서 경영철학도 조화로 시작된다. 경영 현장에 음악적인 조화, 미적인 조화가 필요하다. 기존제품에 음악을 조화시키면 새로운 제품이 될 것이고, 미적 감각을 조화시키면 새로운 아름다운 제품을 탄생시킬 수 있다.

경영에 수학적 체계를 접목하되 음악과 미적 감각을 조화하여 철학을 창출하여 보자는 주장이다.

경영의 지표는 수로 표현하여야 한다. 즉 측정할 수 있는 지표로서 측정할 수 없는 것은 관리하지 말라는 이론도 있다. 이렇듯 철저히 수치로 관리하는 것이 경영철학이다.

3. 장영실

장영실(1390년 경 ~ ?)은 세종대왕 시대 과학혁명의 대표 주자이다. 장영실이 없다면 세종대왕의 과학에 대한 꿈은 실현할 수 없었을 것이다. 장영실의 출생은 기록이 없다. 기록에 없다는 것은 출신 신분이 천민일 것으로 추정된다. 장영실의 업적으로는 세종 14년에 지금의 천문대인 간의대를 완성하였으며, 혼천의, 혼상, 방위지정표, 해시계, 물시계, 측우기 등을 개발하였다. 장영실의 대표작으로는 앙부일구[해시계], 자격루[물시계]이다. 또한, 금속활자 주조에 참여하여 갑인자와 인쇄기를 발명하였으며, 임금이 탈 가마를 만들다 가마가 부서져 장영실은 파면되고 이후의 행적은 기록에 없다.

장영실은 천민으로 태어나 뛰어난 재주로 종3품 벼슬까지 올랐다. 당시의 사회적 배경으로 보아서 노비 출신이 종3품에 오르는 것은 쉬운 일이 아니다.

현실의 경영 현장에서 신입사원 모집을 보면 대졸 출신이 기본 자격이 되고 있다. 요즘은 모두가 대학을 졸업하여 일선 경영 현장에서는 고졸 출신을 찾기가 힘들다고도 한다.

왜 대학을 졸업해야 하나?

50년 전으로 돌아가 보면 선대 부모들은 학교에 다니지 못하여 못 배운 설움을 후대자식에는 대물림하지 않기 위하여 자식의 진학에 열중하였다. 지금은 전 국민의 대졸 화가 되어가는 시대가 오고 있다.

장영실의 철학에서 볼 수 있듯 높은 수준의 학력의 직원이 아이디어를 창출하고 신제품을 개발하는 것은 아니다. 그러나 경영 현장에서는 고학력, 유명대학 출신만이 신제품의 주역으로 생각하고 있다.

종업원의 학력을 보지 말고 능력을 보아야 한다. 그러나 S 대 출신이라는 명분 하나로 지방대 출신은 기가 죽게는 경영 현장의 현실이다. 경영자는 종업원을 학력으로 평가하지 말고 능력으로 평가하고 능력 있는 사람을 발굴하는 것이 경영자의 책임이다.

사람이 기업을 만들고 새로운 경영시대를 창조하는 것도 사람이다. 학벌보다는 능력을 보아야 한다.

학벌 위주의 편견을 버려야 한다.

4. 코페르니쿠스Nicolaus Copernicus

코페르니쿠스(1473년~1543년)는 지동설地動說 : 태양중심설의 제창자로 태양이 한가운데 있고 지구는 하루에 한 번씩 자전하면서 태양을 중심으로 1년에 한 번씩 공전한다고 주장하였다.

코페르니쿠스의 공적은 우리가 과거부터 믿어오던 것을 부정할 수도 있다는 것과 사실을 집요하게 수집하여 예측하는 대담한 능력이다.

과거 자연철학에서는 자신의 주장을 성립할 수 있는 이론적 근거를 제시하지 못하여 이론을 무시당하거나 발표를 하지 못하고 미루는 경향도 있었다.

코페르니쿠스의 자연 과학철학을 근거로 한 경영철학의 기반으로는 수많은 특허 출원한 기술이 실용화되지 못하고 사장되는 기술이 있다. 우리나라 2017년 특허 : 159,031건, 실용신안 : 6,449건, 상표 : 155,667건, 디자인 : 59,096건, 복수디자인 : 60,394건이다(특허청, 2019년 자료). 특허출원 건수 1위는 국가는 미국, 2위는 중국, 3위는 일본, 4위는 독일, 5위는 한국이다.

이렇게 많은 특허가 모두 실용화되고 상품화되는 것은 아니다. 만약 당신이 경영자라면 과거부터 전해온 기술을 부정하고 새로운 사실을 집요하게 분석하여 이를 바탕으로 특허기술을 제시하여보는 것도 경영철학의 좋은 사례가 될 것이다.

여기서 기존의 특허기술을 도용하고 악용하라는 것은 아니다.

경영철학을 가진 경영자라면 현재의 기술에 새로이 접목할 수 있는 특허기술을 찾았다면 정당한 대가를 지불하고 발명가와 함께 할 수도 있다.

5. 갈릴레오 Galileo Galilei

갈릴레오(1564년~1642년)는 지동설의 대표적 물리학자이다. 1609년 갈릴레오는 새로 개발된 망원경을 이용하여 밤하늘을 관찰하면서 목성의 위성을 발견하였다.

목성의 위성을 통해 지구가 1년 주기로 태양 주위를 회전하고 있으며, 다시 그 지구 주위를 달이 돌고 있다는 사실을 너무나 두려워한 나머지 코페르니쿠스 체계를 거부하고 우주의 이러한 체계마저 거부해야 한다고 생각하는 사람들의 의심을 잠재울 수 있는 강력하면서 우아한 주장을 갖는다. 그리고 이제 우리의 눈앞에는 지구 주위를 도는 달처럼 목성의 주위를 배회하는 그리고 그들 모두 12년의 공간을 태양 주위로 대회전 하는 궤적을 밟는 4개의 별이 펼쳐져 있다는 것을 인식해야 한다(갈릴레오, '시데리우스 눈치우스Sidereus Nuncius' 중에서).

또한, 갈릴레오는 가속도를 발견하였는데 속도의 크기나 방향의 변화를 발견하여, 모든 물체는 그대로 놔두면 일정한 속도로 직선운동을 계속할 것이라고 주장하였다. 운동의 속도나 방향에 변화가 생긴다면 그것은 반드시 어떤 힘이 작용하였다는 것으로 보아야 한다는 것이다. 이것은 한편 광선의 법칙이라고도 부른다. 갈릴레오는 처음으로 떨어지는 물체의 법칙을 발표하였다. 이 법칙은 가속도의 개념을 준 가장 간단한 법칙이다. 이 법칙은 자유로 낙하하는 물체는 공기의 저항이 없는 한 그 가속도가 일정하다고 한다. 한편 그 가속도는 그 물체의 무게와 크기를 가리지 않고 모든 물체에 대하여 동일하게 해당한다는 것이다(네이버 지식백과, 2019).

1633년 6월 22일 갈릴레오에 대하여 전해 내려오는 유명한 명언으로 '그래도 지구는 돈다Eppur si muove'라는 말이 있다. 이는 갈릴레오가 한 말이 아니라는 속설이 있지만 전해 내려오는 유명한 말이다. 당시의 다른 어떤 기록에도 나오지 않는다.

갈릴레오가 주장한 태양을 중심으로 지구가 돌고 지구 주변에는 달이 공전하고 있다는 주장에 대하여 현대과학은 이를 증명하였다. 그러나 당시 자연 철학자들은 종교적 신념으로 지구는 고정되어 있고 지구를 중심으로 태양이 돈다는 주장을 정설화하였다.

경영철학에서도 현재의 기술이나 과학을 부정하여 볼 수 있다. 앞에서 언급하였듯이 자동차의 연료는 석유화학에서만 얻을 수 있다는 기존의 관념을 벗어나 보는 것이다. 물로 가는 자동차 하면 과거에 그저 이상의 세계로 생각하였지만, 이상의 세계를 현실로 만들어 내는 것이 경영자의 철학이다.

'이상을 현실로' 만들어 내는 것이 경영철학이다.

6. 뉴턴Isaac Newton

뉴턴(1642년~1727년)하면 '만유인력의 법칙'이 떠오른다. 뉴턴은 사과나무 아래에서 사과가 아래로 떨어지는 것을 보고 사과를 떨어지게 만드는 힘은 중력이 작용하기 때문이며, 중력은 모든 물체 사이에 존재하는 힘이라고 하였다. 중력이란 지구의 지표면에 있는 물체를 지구 중심 방향으로 끌어당기는 힘으로 이것이 만유인력의 법칙이다. 만유인력은 질량을 가지고 있는 물체 간에 서로 끌어당기는 힘을 말한다. 현대과학은 중력을 증명하였고, 우리는 만유인력의 법칙에 대하여 배워서 알고 있다.

뉴턴의 만유인력의 법칙은 코페르니쿠스와 케플러 그리고 갈릴레오가 주장한 이론을 증명하게 되었다. 또한, 뉴턴은 모든 유성은 어디서나 태양으로부터 떨어진 거리에 반비례하고 태양을 향하는 가속도 값을 지니고 있다는 명제를 증명하였다. 그는 이 같은 방법으로 달의 운동을 지구와 태양으로 향한 가속도로서 설명하였으며, 지구상에서 낙하의 가속도는 역평방법칙에 의해 달의 운동과 관련되어 있다고 하였다.

뉴턴은 힘의 운동 변화를 가속도가 원인이라고 규정하였다. 그는 '모든 물체는 양자 질량의 곱에 정비례하고, 양자 사이의 거리평방에 반비례하는 힘으로 서로 끌어당긴다.'는 그의 만유인력의 법칙을 주장하였다(홍성욱, 2004).

뉴턴의 운동법칙에는 관성의 법칙[제1법칙], 가속도의 법칙[제2법칙], 작용 · 반작용의 법칙[제3법칙]이 있다.

뉴턴이 떨어지는 사과를 보고 만유인력의 법칙을 발견한 것은 사소한 우리 주변의 일상도 관심 있게 보라는 경영철학이라고 할 수 있다. 철학이 있는 경영자라면 보는 눈이 달라야 한다는 것을 만유인력에서 배울 수 있다. 매의 눈으로 세심히 관찰하는 경영자가 되어야 한다.

우리나라에 자생하는 제비꽃이 있다. 제비꽃은 우리 주변에서 흔히 볼 수 있는 야생화이다. 그러나 우리가 생각하고 찾으려고 하지 않으면 잘 안 보이는 꽃이 제비꽃이다. 경영 현장에서도 생각하고 찾으려고 관심을 두면 보이게 되어 있다. 아무리 흔한 것이라도 관심이 없으면 보이지 않는 것이다.

7. 아인슈타인Albert Einstein

아인슈타인(1879년~1955년)은 독일에서 태어난 물리학자로서 천재라고 알려졌지만, 그는 대단히 집중력을 가지고 노력하는 과학자이다.

1905년 빛이 에너지 덩어리로 구성되어 있다는 '광양자설'과 물질이 원자 구조로 이루어져 있다는 '브라운 운동의 이론' 그리고 물리적 시공간에 대한 기존 태도를 완전히 뒤엎은 '특수상대성이론'을 발표하여 그동안의 인식을 전환한 것으로 평가되었다. 특수상대성이론은 당시까지 지배적이었던 갈릴레이나 뉴턴의 역학 개념을 바꾸게 하였으며, 기존의 시간과 공간 개념을 근본적으로 변화하게 하였다. 아인슈타인의 이론은 철학사상에도 영향을 주었으며, 질량과 에너지의 등가성等價性 발견은 원자폭탄의 가능성을 예언한 것이었다(두산백과, 2019).

경영자는 모든 경영에 집중력을 보여야 한다는 철학을 배울 수 있다. 경영철학으로 집중력을 보여 제품이나 경영도 기존의 바탕을 유지하면서 새로운 경영기법을 쌓아가면서 점진적으로 변화를 추진한다. 기존 기술이나 기법을 모두 버리고 새로운 경영기법을 도입한다면 혼선과 혼란이 오고 성과를 얻을 수 없다. 따라서 경영의 DNA가 전수되고 기존의 DNA에 새로운 유전자를 증식하여 나가야 한다.

8. 토머스 쿤

토머스 쿤(1922년~1996년)은 20세기 대표적인 과학철학자로서 사회과학과 철학 분야에 가장 영향을 미친 저서가 토머스 쿤의 '과학혁명의 구조'이다.

쿤의 과학관은 철학 분야에서 가장 큰 파문을 일으켰다. 과학철학에서 이미 제기되고 있던 논리실증주의論理實證主義나 분석적 철학에 대한 문제점의 해결이 시도되고 있었다. 이런 움직임 속에서 과학 이론의 인식론적 이해에 있어 이론의 내용과 현상 사이의 관계에 대한 종래의 정적이고 비역사적인 고찰로부터 탈피하여 이론의 발견, 변천, 수용에 걸친 동적이고 실제적 접근이 불가피하여 과학철학자들이 관심을 두게 되었다. 쿤의 이론은 역사적, 실제로 과학 활동이 어떻게 시행되는가에 대해서 경험적, 사회적 측면에서 타당한 설명을 제시한 다음 규범적 결론을 끌어내고 있다. 쿤의 과학관은 과학적 지식의 변천 및 발전이 혁명적이라는 데에 요지를 둠으로써, 과학의 진보가 축적적으로 이루어진다는 종래의 귀납주의적 과학관을 뿌리째 흔들어 놓았다. 그의 발전 모델에 의하면 과학혁명scientific revolution은 하나의 패러다임이 전체적 또는 부분적으로 대체되는 비축적적인 변화의 에피소드episode를 가리킨다.

그리고 혁명에 의해서 과학이 변화한다면 그런 혁명 사이에는 과학자들이 통상적으로 수행하는 안정된 활동기가 있어야 하는데, 이

것을 정상 과학normal science이라고 규정한다. 따라서 과학혁명은 어느 정상 과학이 심각한 이상 현상의 빈번한 출현에 의해서 위기에 부딪힘으로써 붕괴될 때 일어나는 현상이며, 그 결과는 새로운 정상 과학이 된다. 정상 과학은 과학자 사회의 전형적 학문 활동의 형태로서 패러다임paradigm에 의존하는 것이 특징이다(토마스 쿤, 1999).

경영학에서도 귀납적 경영철학이 주를 이루고 있다. 축적된 경영기법이 진보를 이끌어 나가는 경영관이다. 그러나 경영환경은 급속히 변화하고 예측 불가능한 상황이 돌발적으로 나타난다. 경영환경이 안정된 상태에서는 진보적 발전이 타당할 수 있으나 과학기술의 급속한 발전과 세계 경영환경의 급속한 변화는 귀납주의적 경영관을 변화하게 만들고 있다.

따라서 새로운 경영기법들이 속속히 나타나고 있는 것도 귀납 주의적 경영관을 흔드는 사례이다.

경영환경의 변화에 따라 혁명적으로 경영 방법이 변화한다고 할 수 있다. 이처럼 정상적 경영환경에서 경영을 정상경영이라고 할 수 있으며, 정상경영에 이상 현상이 나타날 때 새로운 패러다임이 나타나서 새로운 정상경영이 된다는 것이다.

경영철학에서 앞세대의 경영자 유전자를 이어받아 새로운 경영 염색체를 개발하여 새로운 경영기법을 창조할 때 쿤의 주장처럼 경영철학도 혁명적 혁신이 필요하다는 것을 볼 수 있다.

특히 신제품 개발이나 신규 사업 진출 시 과거의 패러다임에 속에서 정상경영으로는 새로운 아이디어를 얻을 수 없다. 따라서 혁명적 경영을 통하여 새로운 패러다임을 발견하는 것이 변화에 앞서가는 길이라고 할 수 있다.

그러나 일선 종업원은 혁명적 경영에 동의하지 않을 것이다. 현재의 정상경영에 만족하고 변화를 불편한 존재, 귀찮은 존재로 인식하고 있기 때문이다. 패러다임의 변화에 부정적 반응을 보일 것이다.

종업원은 경영자도 주주도, 주인도 아니기 때문이다.

Part 10
윤리 속의 철학 산책

1. 윤리 철학
2. 이기주의
3. 문명과 이기주의
4. 이상형의 복제인간

1. 윤리 철학

경영윤리 철학에서 주장하는 첫 번째는 인권이다. 좋은 삶, 좋은 기업의 윤리 철학은 개인의 인권에서 시작된다고 볼 수 있다. 스트레스 없이 일을 할 수 있다는 것은 기업의 참모습에서 볼 수 있다. 따라서 윤리 철학의 근거를 인권에서 찾아볼 수 있다.

윤리 철학은 추상성이 내재하여 있지만, 인권을 접목한 윤리 철학으로 접근하면 구체적으로 해석할 수 있다고 본다.

윤리 사상에 철학을 접목하는 것은 그동안 과학이나 사회학, 종교를 바탕으로 철학에 접근하여왔기 때문이다. 특히 철학은 사상적 움직임이 반영되어 있어 윤리 사상을 실천철학 분야로 접근하고자 한다.

윤리 철학은 사회 및 공동생활의 질서와 규범을 지키는 척도로써 인간의 행동이 사회구성원과의 관계에서 인간이 지켜야 할 행동 규범으로 옳고 그름이나 선악에 대한 판단 기준의 체계이다. 윤리경영 철학에서 기업 활동은 법적으로 정당한 행동을 말하며 넓게는 사회의 일반적인 도덕적 원칙과 부합되는 행동이다.

2. 이기주의

이기주의egoism, 利己主義는 나만을 생각하고 다른 사람을 배려하지 않고 자신의 이익을 중심에 두고 다른 사람이나 사회는 배려하지 않는 사람을 말한다.

모든 사람은 자신의 이익이나 권리를 주장 할 수 있다.

자신의 권리를 주장하는 근본은 무엇인가?

윤리 철학을 기반으로 주장하여야 한다는 것이다. 윤리 철학을 근본으로 두지 않으면 자신의 이익을 위하여 타인을 희생시키기 때문이다.

윤리의 근본은 다음과 같이 분류하여 볼 수 있다.

황금 윤리

황금 윤리는 자신의 행위가 올바른지를 판단 할 수 있도록 도와주는 윤리로서 고대에는 복수의 원칙당한 것보다 더 크게 갚음과 보복의 원칙눈에는 눈 등 똑같은 일로 갚아 주는 사고를 의미한다.

덕목윤리

덕목윤리는 행복을 목표로 하며, 선을 중심으로 이루어진다.

법 윤리

법 윤리는 법률적 규율을 강조하지만, 법에 따라서 행동하게 되면 자유를 잃어버리고 노예처럼 종속될 수 있다. 법은 개인의 행동 지침이 아니라 마음속의 사랑으로 내면적 사고를 말한다.

자연법 윤리

자연법 윤리의 근본은 인권에서 시작된다. 인간은 자연에 따라 살아가는 이성적 존재로서 선한 것은 실행하고 악한 것은 피해 가는 윤리 철학이다.

의무윤리

칸트의 정언[반드시 따라야 함]에서 행위에 대한 규정은 없지만, 개인행동의 보편적 기본원칙[준칙]을 충족시킴을 의미한다.

책임 윤리

우리는 자신의 행동에 대하여 책임을 지라고 한다. 즉, 책임감은 선택하여 결정하게 한다. 만약 핵을 이용하여 전기를 생산한다면 하나는 전기 생산에 대한 이익을 생각 할 수 있고 다른 하나는 핵폐기물 처리에 대하여 고민하여야 한다. 시소의 원리가 존재하는 것으로 한쪽이 올라가면 한쪽은 내려가는 원리로서 어떤 것을 선택할 것인가에 대한 윤리 철학이다.

3. 문명과 이기주의

인공지능AI : artificial intelligence은 혁신적 산업 변화를 이끄는 핵심 기술로 등장하면서 제품에 인공지능을 연계하고 산업 현장과 경영 현장에 인공지능을 도입하여 활용하고 있다. 인공지능이 가져온 문명의 발달은 급속하게 발달하지만, 인공지능에 의하여 실업은 더욱 증가할 것으로 예측된다. 생산은 인공지능 로봇이 하고 사람은 인공지능 로봇에게서 걷어 들인 세금으로 살아가게 될 것이다.

일하지 않고 살아갈 수 있는 미래가 열리면 사회는 어떻게 될 것인가?

인간의 게으름과 나태 그리고 도덕적 해이 등 다양한 사회문제가 나타날 것으로 예측된다.

문명의 이기주의가 예측된다.

미래의 인간은 인공지능 로봇이 가져다주는 부를 이용하여 더 많은 쾌락을 추구하게 될 것이고 이로 인하여 마약 복용, 성적 쾌락 등을 추구할 것이고, 무책임한 행동과 신념은 파괴될 것으로 보인다.

경영자는 이러한 인간을 위하여 더 많은 쾌락을 누릴 수 있도록 새로운 제품을 개발하여 인간의 타락을 주도하게 될 것이다. 사회가 부패하고 인간의 쾌락이 확산하면서 경영자는 더 많은 이익을 얻게 될 것이다.

4. 이상형의 복제인간

동물 복제 기술을 개발한 사람은 사람을 복제하기를 원하고 있다. 현재의 복제 기술은 세포를 추출하여 똑같은 동물이나 인간을 만들 수 있는 기술까지 발전하였다. 그러나 미래의 인간은 세포를 분열하는 과정에서 DNA를 조작하거나 다른 DNA와 합성하여 새로운 동물 또는 인간을 만들 수 있는 미래 기술이 예측된다.

윤리 철학이 경영철학의 근본이 되지 않는다면 인간은 여러 사람의 장점만을 추출하여 새로운 인간을 만들어 낼 것이다. 잘생긴 얼굴을 가져오고 천재적 두뇌의 DNA를 추출하고 키가 큰 유전자를 합성하여 인간이 요구하는 최고의 인간 상품을 만들어 낼 것이다.

미래는 아이를 낳은 것이 아니라 아이를 내가 요구하는 조건에 맞게 만들어 낼 것이다.

이렇게 만들어진 인간은 윤리나 도덕을 저버리고 오직 이익이나 만들어진 목표만을 달성하기 위하여 사회 기반을 흔들 수도 있다.

또한, 경영자는 더 많은 이익을 얻기 위하여 다양한 인간을 만들 수 있는 기술을 개발하고 값싸고 짧은 기간에 주문형 인간을 만들 수 있도록 기술을 개발할 것이다. 여기서 모방 기술[짝퉁]도 만들고 불량 인간도 만들 것이다.

잘못 만들어진 복제인간은 사회문제로 등장하게 된다. 뇌의 기능을 잘 못 조작하여 과학자를 주문한 인간이 범죄자의 두뇌로 태어나 엄청난 사회적 범죄자로 타락 할 수 있다.

기업이 생산하다 불량품이 된 인간을 어떻게 처리할 것인가?

생명의 존중을 윤리 철학으로 경영철학으로 기초로 한다면 불량 인간도 살려야 한다. 그럼 이들은 사회문제가 될 것이다. 사회는 이들에 대한 새로운 방안을 구축하게 될 것이고 기업은 불량 인간을 모아서 운영하는 새로운 기업을 만들 것이다.

불량 인간을 처리하는 전문기업도 생길 것이다.

주문한 인간이 주문자의 맘에 안 든다고 반품을 요구하면 어떻게 할 것인가?

반품된 인간은 사회적 낙오자가 될 것이고 반품 인간이라서 재고품 처리하여 헐값에 팔리거나 버려질 수도 있다.

인조인간의 유효기간은 얼마로 할 것인가?

늙어서 폐기한다면 어떻게 할 것인가?

A/S 기간은 얼마로 할 거인가?

보증은 어디까지 할 것인가?

경영철학은 이러한 심각한 문제를 제기하고 있다.

물론 이러한 사회가 되지 않으리라 생각하지만 윤리 철학이 무너지고 경영철학이 무너진다면 인간은 이익을 위하여 새로운 사업으로 진출할 것으로 보인다.

Part 11
철학에서 배우는 경영철학 산책길

1. 정상경영의 길
2. 도덕경영 길
3. 내재적 목적의 길
4. 배움의 길
5. 자아自我의 길
6. 언덕길
7. 정체성의 길
8. 최소의 길
9. 본업의 길
10. 처음과 같은 길
11. 존중의 길
12. 파벌은 멸망의 길

1. 정상경영의 길

그동안 이기적이고 생존을 위하여 기업이 존재하여 왔고 존재를 위하여 기업의 최종 목표를 이익 창출로 정하고 기회를 찾고 바른길을 벗어나려고 하였다고 할 수 있다. 이렇게 노력하여 달성한 목표를 경영자라면 어떻게 할 것인가를 생각하여야 한다.

목표달성을 위하여 바른길[正道]을 지금까지 걸어왔나를 돌아보아야 하고 경영자가 알지 못한[無知] 지식으로 사회에 위해[hazard]를 주지 않았나! 뒤돌아볼 수 있는 시야를 가져야 한다. 기업의 이익을 위하여 사회에 위해를 주고 종업원의 가슴에 상처를 주면서 목표를 달성하였다면 경영자의 철학은 다시금 되돌아가야 할 길을 찾아야 한다.

성공한 기업은 기업을 일구어낸 경영자 혼자만의 노력이 아니라는 것을 생각해야 한다. 먼저, 고객이 있어서 성공하였으며, 종업원이 있으니까 성공하게 된 것이다.

독단과 독설이 성공을 뒷받침한 것이 아니다.

성공하게 해준 고객에게 결과를 돌려주어야 한다.

기업의 최종 목표가 이익이 아니라 고객과 종업원에게 이익을 돌려주는 사회 환원이 기업의 최종 목표이다.

2. 도덕경영 길

인간의 도덕에 대한 개념은 경영철학뿐만 아니라 인간의 삶에 필요한 기본 철학이다. 기업이 생존하기 위하여 도덕을 버리고 생존하였다면 비도덕적인 유전자는 기업 내부에 뿌리를 내리고 있을 것이다. 결과적으로 비도덕적 우성 유전자는 숙주에서 성장하여 전체를 파멸하게 할 것이다.

우리는 태어나면서 아무것도 가지지 않고 무[無]에서 태어나서 험난한 경쟁 속에서 유[有]를 창조하고 다시 무[無]로 돌아간다. 자연에서 태어나서 자연 속으로 돌아가는 것이 인간 삶이라고 한다. 빈손으로 자연으로 다시 돌아갈 인간의 욕심은 더 많은 것을 얻기를 원하고 더 많은 것을 갈취하려고 하여 비도덕적 행위를 하는 무지몽매[無知蒙昧]에 빠지게 된다. 이러한 비도덕으로 얻은 물질적 소유는 인간이 다시 돌아갈 때 하나도 가져갈 수 없다는 것을 명심해야 한다.

우리 영혼의 빛은 진리에 담겨 있다.

어둠 속에서 영혼의 빛을 찾지 말고 진리 속에서 존재의 가치를 찾아야 한다.

3. 내재적 목적의 길

만물사람, 가정, 가족, 기업 등등이 존재하려면 본성이 있어야 한다. 인간의 본성은 인간의 힘으로 만들어지는 것으로 본성을 갖추지 못한 만물은 짐승과도 같다고 할 수 있다.

뜨거운 인간애와 훌륭한 성품 그리고 도덕적 인간은 자신의 노력으로 만들어지며 행복한 삶을 만드는 길이라고 할 수 있다.

선善을 바탕으로 내재적 윤리 철학을 배우고 생각하면 존재 이유를 찾을 수 있을 것이다.

4. 배움의 길

인간은 언제까지 배워야 하는가?

공자는 일생을 바쳐 배워야 한다고 하였다.

경영자뿐만 아니라 인간은 누구나 평생을 배워야 한다고 강조하고 싶다. 배움은 끝이 없기 때문이다.

덕德을 배운 자는 선善을 실천하게 될 것이고 악惡을 배운 자는 악惡을 실천하게 될 것이다.

배운 것을 실천하지 못하면 아느니만 못하다는 순자의 철학에서처럼 배운 것을 실천할 때 그 배움의 진실을 알 수 있다.

5. 자아自我의 길

내면의 삶을 발전시키지 못하는 텅 빈 자아로 이기적이고 자아도취적인 삶은 존재를 다시금 찾아야 하는 경영철학으로 자아를 찾아야 한다.

텅 빈 자아는 자기만족에 도취하여 열린 마음가짐이 부족하며 배우지를 않으려고 하는 자세이다. 이는 혼돈 속에서 죽어가는 삶의 길로 생명을 무시하고 진리를 깨닫지 못하여 자비慈悲를 모르는 자기만의 허무한 삶을 살아가는 길이다.

6. 언덕길

경영이란 험난하고 힘든 언덕길을 올라와서 정상 목표에 도달하였다면 그다음은 어디로 갈 것인가?

언덕 위에서 언덕 아래는 내려 볼 수 있지만, 당신이 인생의 성공이란 최고점에 도달하였다고 하여 사람을 내려보지는 않는가?

언덕은 내려 보되 절대 사람은 내려 보면 안 된다.

7. 정체성의 길

기업이 존재하는 본질을 규명하고 일관되게 유지되어야 하는 주관적 정체성을 정립하여야 한다.

기업의 진정한 모습은 무엇인가? 를 규명하고 우리 기업만의 정체성 제품 및 서비스를 개발하여야 한다. 모방이나 짝퉁은 생명을 잃은 정체성 없는 제품이라는 것을 명심해야 한다.

기업의 정체성은 차별화, 장인 정신, 담담하게 경쟁하는 자세 등이다.

8. 최소의 길

경영 현장에서 최대를 생각하기보다는 최소를 생각하고, 전체의 80%를 보기보다는 소수의 20%를 중요하게 보아야 한다. 20%는 구성원은 물론 제품, 서비스 등 모든 것이 해당하며 기업의 핵심이다.

9. 본업의 길

경영자의 마음은 갈대와 같다고 한다. 주변에서 이게 좋다고 하면 솔깃하여 마음이 쏠리다가 시간이 지나면 새로운 것에 귀가 솔깃하게 된다. 새로운 경영혁신을 추진하다가 결과를 내기도 전에 또 새로운 것이 좋다고 하면 지나간 것을 모두 버리고 다시 시작하려고 한다.

본업에 충실하고 새로운 길을 가야 한다. 유행을 따르기보다는 본업을 기반으로 변화를 추진하여야 한다.

10. 처음과 같은 길

경영이 힘들고 어려울 때, 불황에 빠져들 때 처음처럼 다시 처음으로 돌아가 보아야 한다.

과거는 과거일 뿐이다. 현재는 다시 과거로 돌아가지 않는다.

처음으로 돌아가서 종업원에게 열정을 불어넣어 주어야 하며, 처음과 같은 자세로 돌아가서 다시 시작하여야 한다.

11. 존중의 길

기업의 성공과 실패는 사람의 손에 달려 있다. 존경받는 경영자는 직원을 존중하며, 인재를 찾아 나서고 권한을 넘겨주고 책임은 경영자가 지는 인재경영이 성공하는 기업이다.

사회공헌을 하는 기업이 존경받는 기업으로 독창성을 가지고 있는 기업이다.

인재는 우등생보다는 창의력 있는 사람이다.

12. 파벌은 멸망의 길

직장 내 파벌형성은 기업을 멸망하게 하는 길로서 지역감정, 학연, 지연, 줄타기는 회사 내에서 버려야 할 가장 큰 과제이다.

참고문헌

고승철(2009), 「CEO 책읽기」, 책만드는집.

곽준혁(2016), 「정치철학」, 민음사.

권중달(2006), 「동양 고전을 읽는다」, 휴먼니스트.

갈릴레오 갈릴레이, 장헌영 옮김(2004), 「시데리우스 눈치우스」, 승산.

강성률(2013), 「맹모삼천지교가 만든 성인」, 반석.

김광욱(2008), 「천주교와 근대교육」, 원광대학교 석사학위 논문.

김만종(2006), 「기업의 사회 공헌 활동이 경영 성과에 미치는 영향」, 연세대학교 석사학위논문.

김용석(2007), 「철학정원」, 한겨래출판.

김현태(1996), 「종교철학」, 카토릭대학교 출판부.

남청(2002), 「역사철학의 이해」, 배재대학교출판부.

두산백과(2019), doopedia(doopedia.co.kr).

동국대학교 불교문화대학 불교교재편찬위원회(1997), 「불교사상의 이해」, 불교시대사.

박영규(1996), 「조선왕조실록」, 들녘.

로저 트리그(최용철 역, 1996), 「인간 본성에 관한 10가지 철학적 성찰」, 도서출판 자작나무.

서울대학교 철학사상연구소(philinst.snu.ac.kr, 2019).

성김대건성당(kimdaegun.or.kr), 2019.

신영복(1996), 「나무야 나무야」, 돌베개.

워니네트워크 엮음(2002), 「중국인물사전」, 홍익미디어플러스.

유한양행 홈페이지(2019), yuhan.co.kr/Founder/founder_life1.html.

짐 콜린스(2001), 「Good to Great」, Harper Collins.
철학사전편찬위원회(2012), 「철학사전」, 중앙문화사.
켄 블랜차드, 타드 라시나크, 처크 톰킨스, 짐 발라드(조천제 역, 2003), 「Whale Done!: The Power of Positive Relationships」, 21세기북스.
폴 마르시아노(이세현 옮김, 2013), 「존중하라」, 처음북스.
표정훈(2013), 「철학을 켜다」, 을류문화사.
페터 제발트(이기숙 옮김, 2008), 「카토릭에 관한 상식사전」, 보누스.
한국민족문화대백과(2019), (encykorea.aks.ac.kr)
한국학중앙연구원(1991, 2019), 「한국민족문화대백과」, 웅진출판.
현공숙(1999), 「인물세계사」, 청아출판사.
홍성욱(2004), 「뉴턴과 아인슈타인: 우리가 몰랐던 천재들의 창조성」, 창작과 비평사.
토마스 S. 쿤(김명자 옮김, 1999), 「과학혁명의 구조」, 까치글방.
J.P. 모어랜드 & W.L. 크레이그(이경직 & 이성흠 옮김, 2013), 「기독교 철학」, CLC.

철학에서 배우는 경영철학

2020년 3월 09일 초판 1쇄 인쇄
2020년 3월 17일 초판 1쇄 발행

저자 / 김용철, 김진영, 우태우
발행인 / 고우용
발행처 / 도서출판 서훈
등록일 / 1997년 11월 25일
출판등록 / 제 2018-000062호
주소 / 서울특별시 은평구 갈현로47가길 22
전화번호 / 02)324-6577
팩시밀리 / 02)324-6177

정가 / 19,000원

ISBN / 978-89-6249-109-8 93320